Mit unseren Toten leben

Pietro Archiati

MIT UNSEREN TOTEN LEBEN

Weisheit und Kraft für den Alltag

Fünf Vorträge vom 4. bis 6. Januar 2010
in Unterlengenhardt

Rudolf Steiner
Ausgaben

2. Auflage 2024

Herausgeberin: Rudolf Steiner Ausgaben
(Monika Grimm, Bad Liebenzell)
Korrektorat: Christine Becker, Meerbusch

ISBN: 978-3-86772-772-3

Rudolf Steiner Ausgaben e. K.
Burghaldenweg 37 · D-75378 Bad Liebenzell
anfrage@rudolfsteinerausgaben.com
www.rudolfsteinerausgaben.com

INHALT

Fünf Vorträge in Unterlengenhardt 2010

4. Vortrag (5.1.2010, abends)
Vier Grundgestimmtheiten
In uns überbewusst, den Toten vollbewusst
S. 115

- Der Verstorbene lernt anhand folgender vier Grundgestimmtheiten zu leben: 1. Gemeinschaftsgefühl mit allen Dingen des Daseins, 2. Dankbarkeitsgefühl für alles, was geschehen ist, 3. Vertrauen zum Leben, 4. Immer-jünger-Werden in der Seele *S. 115*
- Der Sündenfall ist der Fall in die Sonderung. Diesem verdankt der Mensch seine Selbstständigkeit. Es geht jetzt darum, dass er sich durch die Kräfte der Liebe, ohne seine Selbstständigkeit zu verlieren, wiedereingliedert. Dies setzt eine Vergeistigung der Materie voraus *S. 117*
- Die Menschen-Iche sind gezählt. Über die Zunahme der Bevölkerung. Rudolf Steiner sagt, dass Verstorbene, die in der geistigen Welt nichts verstehen können, ein starkes Einsamkeitsgefühl erleben *S. 123*
- Anhand der Geisteswissenschaft können die Prioritäten der jeweiligen Faktoren der Entwicklung erschlossen werden. Über karmische Auswirkungen des Materialismus. Zur Frage der Abtreibung, Fehlgeburt und Totgeburt *S. 128*
- Es gehört zu den Gesetzen der Inkarnation, dass jeder Mensch abwechselnd mal die eigene Entwicklung und mal seinen Beitrag für die Menschheit in den Vordergrund stellt *S. 134*
- Fragenbeantwortung *S. 139*

5. Vortrag (6.1.2010, vormittags)
Eine Wissenschaft der Entwicklung
Von Seele und Geist
S. 143

- In dem Maße, wie ein Verstorbener im Leben auf der Erde versäumt hat, eine Beziehung zum Christus aufzubauen, ist das tragisch, und er hat es schwer, sich in der geistigen Welt zu orientieren *S. 143*
- Der Verstorbene kann seine Identität nur finden, wenn er weiß, wer er im ganzen Menschheitsorganismus ist. Er beschäftigt sich hauptsächlich mit der Frage: Was habe ich alles bewirkt? *S. 149*
- Es liegt in der Natur des Menschen, dass er Freude an der Entfaltung seiner Begabungen erlebt. Die Urinspiration der Verstorbenen ist, dass die Menschheit wie ein Organismus gedacht ist *S. 154*
- Nur im Körper sind wir voneinander gesondert. Zum Leiden der Menschheit ist die Geisteswissenschaft viel zu elitär betrieben worden *S. 161*

Erster Vortrag

Die Sprache der Verstorbenen

Eine Geisteswissenschaft

Unterlengenhardt, 4. Januar 2010
(abends)

Sehr verehrte Anwesende, liebe Freunde!

Die Zeit des Jahres, in der wir zusammenkommen, um über dieses Thema zusammen zu beraten, könnte nicht schöner sein. Diese Zeit der Dunkelheit, der Kälte, des Winters ist die Zeit des Jahres, in der für uns verkörperte Menschengeister die sinnliche Welt, die physische Welt, sich etwas zurückzieht.

Zu unserem Glück! Denn diese physische Welt ist vordergründig genug geworden, mehr als genug. Sie drängt sich auf! Das ist das Zeitalter des Materialismus, in dem der Mensch – das sind wir alle – so von allen guten Geistern verlassen ist, dass die physische Welt, die materielle Welt sich so aufdrängt, dass es nur sie gibt. Und der Geist? Ja, ja, heißt es, das wollen wir nicht übertreiben.

Die Verstorbenen sind reine Geister. Sie gucken auf uns. Ich übertreibe kein bisschen, es ist ganz real. Und sie sagen: Sind die Menschen auf der Erde so verrückt geworden? Sie haben sich von der Wirklichkeit des Geistes ver-rückt, davon entfernt. Und wenn diese Verstorbenen einigermaßen gescheit sind, müssen sie sich sagen: Aber das waren wir doch auch vor zehn, vor zwanzig Jahren, als wir auf der Erde waren! Und wieso waren wir auch so verrückt?

Das können wir als Grundlage des Gesprächs mit den Verstorbenen nehmen, mit denen, die die Super-Lebendigen sind: Wir sind die Unter-Lebendigen, sie sind die Super-Lebendigen, denn sie leben auf in der Wirklichkeit des Geistes und wir ersterben in der Welt der Materie als Geister, als Menschengeister. Also, selbstverständlich gehen wir davon aus, darüber brauchen wir uns nicht lange zu unterhalten, dass die sogenannten Toten viel lebendiger sind als wir. Das ist doch selbstverständlich. Und sie «Tote» zu nennen, ist eine Unverschämtheit des materialistischen Menschen. Aber so sind wir nun einmal. – Nehmen wir an, wir würden einen teuren, lieben Toten dazu fragen. Jeder hat ja welche, auch wenn man jung ist, kennt man Menschen, die gestorben sind, oder man hat Eltern oder Großeltern, die gestorben sind.

Wir gehen davon aus, dass wir diese Überzeugung haben, sonst wären Sie ja nicht hier. Wenn Sie die Überzeugung hätten, die viele Naturwissenschaftler haben, dass mit dem Tod alles weg ist, was hätten Sie hier zu suchen? Sie wären nicht zu diesem Wochenende gekommen. Also, ich setze voraus, dass wir hier gemeinsam die Überzeugung haben, wenn Sie wollen, Glaubensüberzeugung, dass der Mensch nach dem Tod fortlebt. Denn es wäre viel mühsamer, wenn wir noch, wie soll ich sagen, Überlegungen anstellen müssten, um zu beweisen, dass der Mensch nach dem Tod noch lebt. Also, wir gehen davon aus, dass diese Verstorbenen, diese entkörperten Menschen, Menschengeister, dass sie jetzt den besseren Überblick haben.

Und nehmen wir an, jeder von uns würde einen Bekannten, der die Schwelle des Todes überschritten hat, fragen: Du, du bist ja jenseits der Schwelle, du lebst in der geistigen Welt, du schaust jetzt von der anderen Seite auf diese verrückte Welt des Materialismus, wo für den normalen Menschen – und man kann nicht einmal sagen, dass wir schuld daran sind – nur die materielle Welt eine Realität ist, wie siehst du das? Ist das ganz, ganz schlimm?

Was schätzen Sie, was der Verstorbene sagen würde? Nein, würde er sagen, das ist überhaupt nicht schlimm. Denn zu den ersten Dingen, die man nach dem Tod lernt, gehört die Übung der Positivität, weil man im Leben meistens versäumt hat, das zu üben. Und die Übung der Positivität besteht darin, dass alle Phänomene, alle Realität, alle Wirklichkeiten statt von der schlechten Seite genommen zu werden – die gibt es ja immer, es gibt immer mehrere Seiten, die schlecht sind –, man die Sachen, die Dinge von der guten Seite nimmt.

Warum? Weil das gescheiter ist! Weil das ergiebiger ist! Weil das fruchtbarer ist! Was hat man davon, wenn man die Dinge von der negativen Seite sieht? Eine Ausrede zum Faulenzen! Mehr hat man nicht. Und wenn jemand sagt oder fragt: Ja, hast du etwas gegen das Faulenzen? Ich habe nichts gegen das Faulenzen der anderen, denn das ist deren Sache. Ich hätte etwas gegen mein Faulenzen, weil mir das Leben zu langweilig vorkäme. Und das wünsche ich jedem Menschen.

Das heißt, wenn der Mensch faulenzt, weil er die Dinge immer von der negativen Seite nimmt oder nehmen möchte, dann wird ihm zum Beispiel durch die Langeweile, durch die Depression geholfen. Nein, es ist viel besser, das Leben immer von der positiven Seite zu nehmen, denn die positive Seite ist das, was man aus einer Lage realisieren kann.

Gut, lieber Verstorbener, dann sag mir jetzt, was die ganz positive Seite des Materialismus ist. Denn ich dachte immer, das ist ganz schlimm. Und du kommst und sagst: Nein, das ist überhaupt nicht schlimm. Ja, wozu ist das gut? Überlege dir lieber Fritz, der du in der materiellen Welt lebst, überlege dir doch, was es heißt, dass die ganze Offenbarung, die göttlich gegeben war, verschwunden ist. Überlege dir, wie toll das ist, wie wunderbar das ist!

Oh, bist du jetzt verrückt, lieber Verstorbener? Nein. Der Sinn davon, der positive Sinn davon ist, dass das alles, das Bewusstsein, das innige Bewusstsein der Realität des Geistes, verschwinden musste, weil nur so der Mensch, du, auf der Erde die Möglichkeit hast, den Geist, die Wirklichkeit des Geistes, aus der Freiheit heraus, aus dem Suchen heraus, aus dem Fragen heraus, aus dem Parsifal-Fragen heraus neu zu erringen als individuelle Errungenschaft der Freiheit.

Überlege dir, der du auf der Erde lebst, du hast die Möglichkeit, gerade im Zeitalter des Materialismus die Wirklichkeit des Geistes, wenn du willst, aus deiner Freiheit heraus dir zu erringen. Und das Selbsterrungene, das In-der-Freiheit-Errungene ist doch viel beseligender, gibt doch viel mehr Erfüllung, viel mehr Glück als das, was durch die Überlieferung, durch den Glauben, durch die Tradition einfach zur Selbstberieselung des Menschen, zur seelischen Wollust gegeben wird. Also, wir leben in der besten Zeit, die es je gegeben hat. Es ist wirklich so.

Jetzt geht das Gespräch weiter. Ich fingiere ja ein Gespräch mit einem Verstorbenen. Aber ich hoffe, dass es dem Inhalt nach nicht ganz daneben ist. Jetzt fragt der verkörperte Mensch weiter: Ja, sag mir doch, wenn du schon so gescheit bist, dass du sogar von der Positivität des Materialismus schwärmst, sag mir, wie macht man das, den Geist neu, individuell aus der Freiheit heraus zu erringen?

Ja, man muss sich, wenn schon Deutsch deine Muttersprache ist, dann gebrauche ich ein deutsches Wort dafür, man muss sich ein bisschen sputen. Denn wenn du meinst, du könntest die Wirklichkeit des Geistes ohne ein bisschen Anstrengung dir neu erringen, dann wäre das doch nichts wert, es würde dir keine Freude machen.

Wenn Sie eine Sprache lernen wollen, wie Italienisch zum Beispiel, eine komplizierte Sprache, und die italienische Sprache ihnen zugeflogen käme und Sie sie einfach so wie ein italienisches Kind sprechen könnten, ich garantiere Ihnen, das wäre überhaupt keine Freude. Interessant ist es, wenn man sich eine Sprache Wort für Wort erringen muss. Dann wird's interessant. Man lernt Englisch und man merkt: Mensch, vor einigen Monaten konnte ich gerade erst ein paar Worte. Aber es wird immer besser!

Und der Tote sagt zu uns: Ja, überlege dir, du willst doch die Sprache der geistigen Welt lernen. Du, oder mehr allgemein gesagt, der materialistische Mensch kennt die Sprache der materiellen, der physischen Welt. Das ist ja wunderbar. Das ist nicht verboten! Und wie nennen wir auf Deutsch die Sprache, das Zur-Sprache-Bringen der materiellen Welt?

Was ein Ausländer alles lernen muss! Ich schreibe jetzt ein Wort an die Tafel, die Sprache der materiellen Welt: «Naturwissenschaft». Und wenn du mit mir als Verstorbener reden willst, dann gibt es eine andere Sprache. Es ist die Sprache, die all das zur Sprache bringt, was geistig ist. Wie willst du diese in der deutschen Sprache nennen? Eine «Geisteswissenschaft».

Darum geht es ja: Wenn wir mit den Verstorbenen kommunizieren wollen, müssen wir eine gemeinsame Sprache finden. Und ich brauche es Ihnen nicht zu sagen, es leuchtet ein. Diese entkörperten Geister, diese entkörperten Seelen, die reine Geister und reine Seelen sind, sprechen die Sprache des Geistes. Das ist doch selbstverständlich. Eine Geisteswissenschaft, das ist die Sprache der Toten, der Menschen, die im Geistigen leben.

Damit ist natürlich zunächst sehr viel und auch sehr wenig gesagt. Das sind nur Andeutungen, die ich mache. Sie nehmen das als Anregung. Wenn Sie wollen, sind das Selbstverständlichkeiten. Nur ist die Menschheit im Zeitalter des Materialismus so arm geworden, dass wir wirklich von der Pike auf wieder anfangen müssen. Das habe ich ja gesagt, alles Geistige ist vom Individuum neu zu erringen.

Von außen kann eine Anregung kommen, es ist wie eine Wahrnehmung. Die Wahrnehmung ist nicht die Ursache der Bildung des Begriffs. Diejenigen, die das Seminar über *Die Philosophie der Freiheit*[1] mitgemacht haben, werden das in Erinnerung haben: Anhand der Wahrnehmung – die Wahrnehmung ist der Anlass, die Anregung –, also in der Wahrnehmung habe ich eine Birke, aber die Wahrnehmung gibt mir nicht den Begriff. Der Begriff wird denkend hervorgebracht.

Genauso kann von außen, selbst von den Verstorbenen eine Anregung kommen, aber es geht darum, jetzt aus dem Denken heraus, aus dem Schöpferischen des Individuums heraus das Geistige zu erringen.

Wenn wir uns fragen: Was ist das für eine Sprache, die die Verstorbenen sprechen? (Tafel: «Sprache der Verstorbenen»). Denn das sind alles Dinge, die sie uns sagen. Die Verstorbenen reden unentwegt mit uns. Sie reden mit uns in der Sprache der Gedanken, denn sie denken unentwegt, sie fühlen unentwegt, sie lieben unentwegt. Und in dem Maße, wie wir

---

1 s. auch Rudolf Steiner, *Die Philosophie der Freiheit* (Bad Liebenzell 2025, 9. Auflage), mit beiden Ausgaben (1894 u. 1918) im Vergleich.

in die Sprache der Gedanken hineinkommen, können wir kommunizieren, können wir mit den Verstorbenen ins Gespräch kommen.

Nehmen wir zwei Grundaspekte dieser Sprache der Verstorbenen: Die Sprache der Verstorbenen ist die Sprache des Objektiven, zum Ersten. Und zum Zweiten, die Sprache des Allgemeinmenschlichen. Vor dem Tod ist der Mensch subjektiv. Nach dem Tod, durch den Tod, wird der Mensch objektiv. Das ist der Sinn des Todes, ein wesentlicher Sinn des Todes: zu lernen, objektiv zu werden.

Das ist natürlich eine schöne Abwechslung, denn beides muss ja sein: (Tafel: «Leben»). Im Leben sind wir ein Subjekt, sind wir subjektiv. Das ist ja wunderbar. Wir leben im Subjektiven. Es geht nicht anders. Aber wir sind eingekapselt in der Art und Weise, wie wir, wie ich subjektiv die Welt erlebe. Und dann kommt der Tod. Und im Nachtodlichen, in der geistigen Welt, wird man objektiv. Subjektiv bedeutet: Was erlebe ich? Objektiv heißt: Was will ich in der Welt? Was ist die Objektivität meiner Wirksamkeit? Wie werde ich von den Engeln, von den Erzengeln, von den Zeitgeistern (s. Engel-Hierarchien S. 191) in der Objektivität meines Wesens gesehen?

Jeder Mensch ist jenseits des Subjektiven eine Unendlichkeit von Wirksamkeiten in der Welt durch das, was er denkt, durch das, was er erlebt, durch das, was er will – seine Ideale, seine Willensimpulse – und durch seine Taten. Also der Mensch erzeugt fortwährend eine vierfache objektive Wirksamkeit. Nur ist das überbewusst oder unterbewusst, wenn man so will. Das kommt nicht zum Bewusstsein. Bewusst wird uns nur das subjektive Echo der Welt, das, was wir erleben, die Gefühle und so weiter. Aber die objektive Wirksamkeit, die bleibt uns überbewusst.

Zum Beispiel: Zwei Menschen erleben eine Auseinandersetzung – nehmen wir eine heftige Auseinandersetzung, das gibt es manchmal, auch in Deutschland. Und solange diese beiden Menschen verkörpert sind, Mensch A und Mensch B, ist eine heftige Auseinandersetzung so, dass jeder erlebt, was er dabei subjektiv erlebt. Es ist nicht möglich, so objektiv zu werden, dass man in den anderen hineinschlüpft und das höchstpersönlich erlebt, was der andere erlebt. Das geht nicht.

Der Sinn des Lebens nach dem Tod ist, dass jeder von uns – und unsere teuren Verstorbenen jetzt – die Möglichkeit hat, selbst zu erleben, was der andere erlebt hat. Wenn ich etwas tue, erlebe ich etwas dabei, aber der andere auch, wenn ich dem anderen etwas antue. Nehmen wir eine Mutter mit dem Kind. Die Mutter tut ja unendliche Taten dem Kind. Und die Mutter erlebt dieses Subjektive. Aber die andere Frage ist: Wie kommt es an? Wie wirkt das im Kind? Das ist die objektive Seite.

Also sagen wir, das Subjektive wäre wie die Absicht – jeder von uns hat viele Absichten –, das, was wir beabsichtigen. Das ist ein schönes Wort: «beabsichtigen». Das wird subjektiv erlebt. Aber anhand der Absicht handle ich. Und das Handeln erzeugt eine Wirksamkeit, eine objektive Wirksamkeit in der Welt.

Also, die Absicht und die objektiven Folgen der Absicht oder der Tat (s. Zeichnung): die objektive Tat und die Folgen, also das Wirken in der Welt. Im Leben, während des Lebens, erlebe ich, was ich beabsichtige. Nach dem Tod erleben unsere Verstorbenen, was ihre schönen Absichten getan haben in der Welt, was daraus geworden ist.

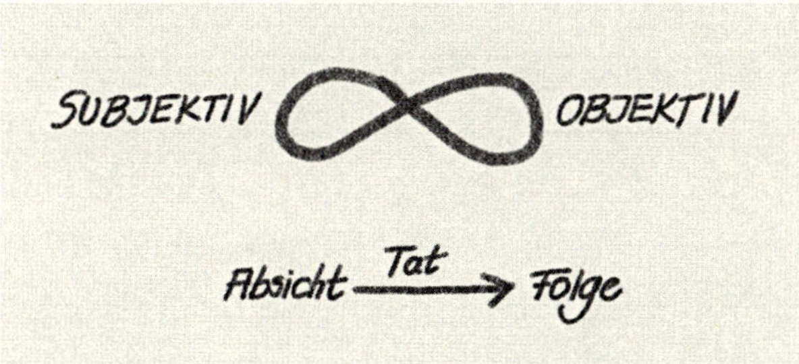

Sie stellen fest, dass es auch Absichten gibt, aus denen gar nichts wird. Das stellen sie jetzt fest. Sie stellen fest, dass es Absichten gibt, aus denen das Gegenteil wird von dem, was man beabsichtigt. Das gibt's auch. Und der Unterschied zwischen der Absicht – dem, was man möchte oder auch was man will, den Idealen, die man sich gibt – und dem, was daraus wird, ist der Unterschied zwischen dem Subjektiven und dem Objektiven.

Und die Verstorbenen sagen uns: Du bist so subjektiv, übe dich in Objektivität! Wie macht man das?, fragen wir den Verstorbenen. Und er sagt: Guck, guck, guck! Guck von mir weg. Guck, was daraus wird. Ja, wohin soll ich gucken? Wohin sollen wir gucken, um die Objektivität der Wirksamkeit unserer Absichten herauszufinden? Wohin? Auf die Reaktionen der Menschen! Das ist die objektive Wirksamkeit. Aber seine Reaktion ist doof! Aber wenn das eine Reaktion auf mein Tun ist, dann ist das so. Dann habe ich dazu beigetragen, dass diese Reaktion so doof ist.

Das heißt, die Verstorbenen helfen uns zu lernen, ernst zu nehmen, wie wir wirken, wie ein Mensch wirkt. Wenn der andere unmöglich mit mir ist, dann immer deshalb, weil ich für ihn unmöglich bin. Kein Mensch ist mit einem Menschen unmöglich, der möglich ist. Denn sonst kann man sich vertragen. Unmöglich heißt, man muss um die Kräfte der Verträglichkeit ringen. Und das gehört zum Schönsten des Lebens. Aber um das zu tun, muss ich ernst nehmen, wie der andere reagiert.

Wie die Welt, wie die Menschen auf mich reagieren, das bin ich, und Schluss! Alles andere ist Einbildung. Und wenn Sie sagen, das ist aber sehr wenig, wie die anderen auf mich reagieren, dann sage ich Ihnen: Nein, das ist jede Menge! Nur übersehen wir das meiste. Und die Verstorbenen sagen uns: Schau, wie du wahrgenommen wirst.

Das haben Sie sicherlich meditiert im ersten Vortrag von diesem schönen Büchlein – 5 Euro finden Sie nur im Archiati Verlag (seit 2013: *Rudolf Steiner Ausgaben*) – *Mit den Toten leben,* drei wunderbare Vorträge.[2] Die, die einen Hintergrund haben wollen, können diese Vorträge lesen. Den ersten Vortrag habe ich genannt: «Sein im Wahrgenommenwerden». Der Verstorbene lebt und wirkt weiter in unserer Seele, im Astralleib. Nach dem Tod fühlt sich der Mensch in der geistigen Welt von geistigen Wesen wahrgenommen. So habe ich das zusammengefasst, aber das geht seitenlang bei Rudolf Steiner.

---

2 Rudolf Steiner, *Mit den Toten leben* (Bad Liebenzell 2009, 1. Auflage). Die 2., um den Anhang erweiterte Auflage ist 2019 zu Lebzeiten von Pietro Archiati erschienen. Sie wird hier für die Zitate verwendet.

Was ist damit gemeint? Der Verstorbene lebt nicht im Wahrnehmen, so wie wir, sondern im Wahrgenommenwerden. Jetzt schlicht und einfach gesagt, es ist so, dass der Mensch, der Verstorbene mehr und mehr in das innige Gespräch mit seinem Schutzengel kommt, der ja einen Überblick über sein Leben hat. Und dieses Wahrgenommenwerden bedeutet, dass der Mensch von sich weg kommt und jetzt guckt, wie die Engel auf ihn gucken. Und wie die Engel auf ihn gucken, dadurch weiß er: Ah, das bin ich, so bin ich, weil sie mich so sehen.

Gut, wir werden sagen: Aber unsere Mitmenschen sind keine Engel, keine Erzengel. Also wir können nicht sagen, ich bin ganz genau so, wie die anderen Menschen mich sehen. Aber wir können das üben. Denn wenn wir auf die Art und Weise schauen, wie das Echo zurückkommt, wie wir in der Welt wirken, wäre das eine Vorübung – und sicherlich eine Vorübung, die die Verstorbenen uns empfehlen –, sodass wir lernen, sodass wir vorbereitet sind nach dem Tod.

Und wir können die Verstorbenen begleiten und ihnen das beibringen. Denn wenn sie keine Geisteswissenschaft gehabt haben, brauchen sie wesentlich mehr Zeit, um in diese Gesinnung, in diese Gestimmtheit hineinzukommen: Ah, ich werde vom Schutzengel wahrgenommen, ich werde von meinem Volksgeist wahrgenommen, ich werde von meinem Zeitgeist wahrgenommen (s. Engel-Hierarchien S. 191).

Die Art und Weise, wie der Volksgeist auf mich guckt, sagt mir, wer ich in meinem Volk gewesen bin. Die Art und Weise, wie mein Schutzengel, wie die Engel auf mich schauen, sagt mir, wie ich objektiv in der Welt als einzelner Mensch wirke. Wie der Zeitgeist mich wahrnimmt nach dem Tod, ob ich moralisch leichtgewichtig bin oder ob ich ein moralisches Gewicht habe, das zeigt mir, wie ernst oder wie leichtsinnig ich den Zeitgeist genommen habe.

Jetzt nehmen wir einen Menschen, ganz konkret, der ein ganzes Leben lebt, ohne die Frage zu stellen, ob es eine Zeitgeistigkeit gibt und was es heißt, zeitgemäß zu leben. Also nehmen wir einen Menschen, das ist heute überall gang und gäbe, der von Engeln keine Ahnung hat, geschweige denn von Zeitgeistern. Jetzt kommt er in die geistige Welt nach dem Tod.

Jetzt merkt er: Ich bin so, wie ich wahrgenommen werde. Und dieser Kerl, Moment mal, ah, das sind die Engel, von denen die paar verrückten Leute da auf der Erde gesprochen haben. Ah, aber die gibt es! Mensch, und jetzt kommen sie! Nicht nur gibt es sie, sondern ich muss jetzt gucken. Denn nur dadurch, dass ich ernst nehme, dass ich wahrnehme, dass ich verstehe, wie sie auf mich schauen, was sie von mir halten, weiß ich überhaupt, wer ich bin. Sonst habe ich gar keine Identität, überhaupt keinen Inhalt!

Und jetzt sagt er: Mensch, ein Engel, ein Einzel-Mensch-Geist, das geht gerade noch. Dann gibt es sogar einen Volksgeist für achtzig Millionen Leute. Das ist mir zu viel. Und jetzt noch einen Zeitgeist, der allen Völkern der Erde gemeinsam ist.

Der Zeitgeist kommt und meldet sich, nachdem der Verstorbene gerade aus der Seelenwelt herauskommt. Dort hat er etwa ein Drittel der Dauer seines irdischen Lebens verbracht, das werden wir vielleicht noch sehen. Nicht dass Sie denken, wir können alles an einem Wochenende sagen, was die Toten, die Verstorbenen, erleben. Aber es gibt eine Zeit, in der das ganze Leben rückläufig durchlebt wird.

Dann kommt der Mensch in die Welt der Objektivität, in das Geisterland, wie Rudolf Steiner das nennt, hinein. Und da kommt er mehr und mehr ins Gespräch. Und der Zeitgeist meldet sich und sagt: Du, sag mir ehrlich, du hast nicht einmal gewusst, dass es mich gibt als Zeitgeist? Wer bist du gewesen in deiner Zeit? Nicht einmal ein Riesenloch, sondern ein kleines Loch, denn du hast keine Ahnung gehabt von Zeitgeistigkeit.

Ich versuche, mit meinen Worten zu sagen, was Rudolf Steiner meint – in dieser Sprache der Geisteswissenschaft –, was es heißt, dass der Verstorbene sein Sein, seine Identität, seine Seele und seinen Geistesinhalt überhaupt durch das Wahrgenommenwerden, durch die Art und Weise, wie er wahrgenommen beziehungsweise gesehen wird, bekommt.

Und jetzt bekommt er vom Zeitgeist gesagt: Du bist für mich gar nichts! Du hast nicht einmal gewusst, dass es mich gibt. Geh zurück auf die Erde und lerne, die Frage zu stellen: Was ist der Zeitgeist, der Geist unserer Zeit? Und das kann sehr schön sein, zurück auf die Erde zu kommen mit der Aufgabe: Diesmal will ich aufpassen, was der Zeitgeist alles tut und inspiriert und den Menschen zuraunt. Aber er drängt sich nicht auf!

Denn gute Geister erkennt man daran, dass sie die Freiheit als das Höchste achten. Und die Teufel erkennt man immer daran, dass sie sich aufdrängen wollen. Das ist überhaupt die Scheidung der Geister. An der Freiheit des Menschen scheiden sich die Geister. Der Sonnengeist ist der größte unbekannte Geist, weil er sich nicht aufdrängt, weil ihm die Freiheit das Heiligste ist. Und der Sonnendämon ist überall zugegen, weil er sich aufdrängt. Er ist auch in dem Flugzeug zugegen, was dafür gesorgt hat, dass wir jetzt nochmals mehr gescannt werden, wenn wir in die Flughäfen kommen. Der drängt sich auf!

Gut, also ich habe gemeint, die Grundlage einer Beziehung zu den Verstorbenen ist, dass wir ihre Sprache lernen. Das ist eine Sprache, in der der Geist, das Übersinnliche, die Realität ist und die sogenannte Welt der Materie etwas Vergängliches, nur eine vorübergehende Erscheinungsform des Geistes ist. Das heißt, das Wesenhafte in der Welt der Materie ist immer der Geist. Natürlich ist die Welt der Materie eine Realität, aber sie ist eine Realität kraft des Geistes, der da drin wohnt, nicht von sich aus.

Das Nächste, was wir vielleicht zusammen üben können – wir haben hier eine ganz tolle Tafel, heute gibt es überall diese Flipcharts, da vergeht einem die Lust dazu, aber hier mit der Kreide, das ist eine schöne Sache –, also, hier haben wir das «Leben», «Geburt» und «Tod». Und das Bewusstsein des modernen Menschen ist eingeschränkt worden zwischen Geburt und Tod, wie zwischen zwei Mauern. Und wir dürfen davon ausgehen, dass, wenn wir, jeder von uns, ins Gespräch kommen wollen mit den Verstorbenen, im Hintergrund wie eine Stimmung, wie eine Atmosphäre immer diese Erschütterung steht. Aber ich habe gesagt, dass auch die Erschütterung wegen der Tatsache, dass das Bewusstsein des heutigen Menschen sich eingeschränkt hat zwischen Geburt und Tod, positiv ist.

Was gibt es vor der Geburt? Man nannte das die Präexistenz, ich schreibe hier «Präexistenz», «Vor-Dasein», ein Dasein vor der Geburt, das Vorgeburtliche. Und nach dem Tod? Sagen wir «Unsterblichkeit». (s. Zeichnung unten).

Eine gute Anzahl der Verstorbenen – der Gedanke wird Sie vielleicht etwas überraschen, aber der Gedanke ist ganz schlicht und einfach – sind diejenigen, die dran sind, wieder geboren zu werden. Haben Sie etwas dagegen? Denn wenn sie lange genug verstorben sind, dann werden sie wieder geboren. Warum gucken Sie mich so scheel an? Weil Sie wissen, dass unsere Kultur die Präexistenz aus dem Auge verloren hat.

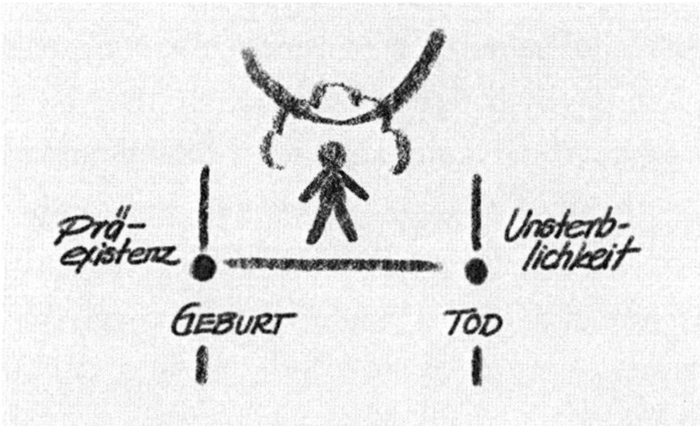

Natürlich will ich Ihnen nicht dogmatisch einfach die Wiederverkörperung verzapfen. Das war nur so um zu gucken, ja, ich wollte gucken, wie das ankommt. Guck, guck, guck! Und ich habe fast lauter verdutzte Gesichter gesehen. Das heißt, wir haben kulturell alles aus dem Auge verloren, was vor der Geburt ist. Vor der Geburt ist gar nichts.

Fragen wir die Zuständigen für den Geist. In der alten Zeit hat man den Leuten gesagt, das wären die geistigen Menschen. Wo der Geist immer dünner wurde, wie hat man sie auf Deutsch genannt? Die Geistlichen!

Und in diesem «lich» ist eine leise Verdünnung zutage getreten. Und was sagen die Geistlichen darüber? Oh, den Menschen, den gibt es gar nicht vor der Geburt, beziehungsweise ich schreibe hier Konzeption, Empfängnis. Also nehmen wir auch die neun Monate, dass Sie nicht kommen und sagen: Ja, aber ..., also ich nehme die Geburt jetzt zusammen mit der Empfängnis. Der Mensch existiert nicht vor der Empfängnis.

Wo haben diese Geistlichen diese abgründig materialistische Aussage hergenommen? Denn das ist die letzte Verneinung des Geistes dieser Geistlichen, dass sie sagen: Vor der Empfängnis gibt es den Menschen gar nicht. Also nicht dass Sie meinen, es ist nur die Naturwissenschaft, die sagt: Wo kein Körper da ist – (an der Tafel wird gezeichnet) hier fängt der Körper an zu existieren: Embryo –, ist keine Seele da, nichts, kein Mensch ist da. Nein, die Geistlichen sagen das!

Jetzt überlegen wir uns, alle Verstorbenen wissen – ich sage das jetzt, dann kommen wir ins Gespräch, Sie können das infrage stellen, wir können darüber diskutieren –: Irgendwann werde ich wieder in einen Körper hineintreten, mich verkörpern. Und es gibt welche, die jetzt wirklich dabei sind, sich neu zu verkörpern.

Und sie müssen sich sagen: Aber uns gibt es gar nicht für die, die da auf der Erde leben. Wie mache ich das? Jetzt muss ich mich wieder verkörpern, aber die verkörperten Menschen denken, dass es mich gar nicht gibt. Ich entstehe erst, wo durch die Empfängnis der Körper anfängt zu existieren. Ich habe keine Lust, in so eine Welt hineinzutreten, die mich völlig ignoriert. Das ist eine ganz ernste Sache, eine sehr ernste Sache.

Also konkret gesagt – nehmen Sie das nicht als Kritik, weil das wirklich sehr ernst ist und es ist wahr, es ist objektiv –: Beide großen Kirchen sagen, katholisch oder evangelisch, wenn die Empfängnis, der Zeugungsakt geschieht, also Mann und Frau zusammenkommen, die dadurch Papa und Mama werden, schafft der liebe Gott eine Seele dazu. Und erst dann ist die Seele überhaupt da. Wie Gott diese Seelen fabriziert, das ist das Geheimnis der Geistlichen. Das haben sie mir niemals verraten. Aus dem Ärmel heraus, ich habe das niemals verstanden.

Vielleicht ist das ein Grund, warum ich «abgehauen» bin – das muss auch sein.

Aber jetzt in allem Ernst, wenn wir sagen, am Tor, an der Seite der Geburt: Ohne körperliches Substrat, ohne irgendeine biologische Grundlage kann der Mensch als Seele gar nicht existieren, damit ist gesagt, dass das Biologische, also der Körper, maßgebend ist, wesentlich ist überhaupt für das Sein des Menschen. Der Mensch kann ohne Körper nicht sein. Denn er fängt an, überhaupt als Seele zu sein, wo der Körper anfängt zu existieren.

Wir dürfen davon ausgehen, dass die Verstorbenen die ganze Zeit versuchen, aber ganz stark versuchen, uns dahin zu bringen, dass wir diese kulturellen Grundlagen ernst nehmen und dass wir uns Gedanken darüber machen, dass wir wirklich ins Gespräch darüber kommen. Wir können uns vorstellen, wie leidenschaftlich die Verstorbenen mit uns darüber reden möchten. Denn es geht hier um das Ganze!

Und jetzt sagen die Verstorbenen: Du, schau doch mal, wie leichtsinnig, wie oberflächlich diese Menschheit des Materialismus ist. Hier am Tor der Geburt kann der Mensch nicht existieren ohne Körper. Und auf der anderen Seite, Körper weg, aber der Mensch ist unsterblich. Was sagen die Verstorbenen dazu? Sie sagen, das ist nicht richtig gedacht. Ehrlicher ist der Naturwissenschaftler, der sagt: Körper weg, alles weg. Denn selbst die Kirchen sagen dasselbe: Kein Körper ist da, kein Mensch ist da. Der Körper ist weg, der Mensch ist weg.

Wenn wir die Verstorbenen fragen würden: Sagt uns, sagt mir, wie ist es in Wirklichkeit? Die Menschheit ist so im Zeitalter des Materialismus, dass sie, sogar die Religion, in diesen Abgrund des Materialismus geraten ist, dass sie sagt: Ohne Körper kann der Mensch – vom Geist redet man schon gar nicht mehr, aber als Seele, weil er aus Körper und Seele besteht –, ohne Körper kann der Mensch als Seele nicht existieren.

Und dann verlangen wir nach dem Tod eine Unsterblichkeit, aber wir wissen nicht, wie der Mensch vor der Geburt existieren kann – hier (Tafel) ist der Mensch als Verstorbener, hier sind die Toten. Und jetzt fragen wir die Toten: Sagt uns, sagt mir, wie ist es vor der Geburt? Und wie ist es nach dem Tod? Was ist die Wahrheit?

Und sie sagen uns: Es ist wiederum einfach. Du kannst diese kulturelle Tatsache von der positiven Seite nehmen. Und die gibt es. Die Präexistenz, das vorgeburtliche Dasein, ist aus dem Auge verloren worden, ist verschwunden. Im Bewusstsein ist es nicht mehr da. Aber du kannst das, und das ist der positive Sinn davon, du kannst das als Anlass nehmen, um diese Präexistenz wieder zu erringen.

Wie erringt man sich ein Dasein des Menschen ohne Körper? Das ist Sache der Entwicklung. Aber lassen wir das momentan beiseite. Der Mensch stirbt. Der Mensch stirbt, heißt, der Körper ist weg. Bleibt vom Menschen viel oder wenig? Es ist sehr unterschiedlich. Nehmen wir die zwei Extreme. Ein Mensch hat während des Lebens seinen Geist überhaupt nicht geübt, einen Geist, der immer selbstständiger wird, immer weniger abhängig.

Also hier haben wir die Leiblichkeit während des Lebens (Tafel). Und die Freiheit besteht gerade darin, dass der Mensch durch das Denken, durch die Liebe und so weiter, immer mehr Geist sich erringen kann, die Wirklichkeit des Geistes, das, was nicht abhängig vom Körper ist, sich erringen kann. Oder er kann seelisch nur dasjenige erleben, passiv, träge, was durch den Körper erlebbar ist.

Also, liebe Freunde, der klassische Begriff der Seele ist das innere Selbsterleben, das automatisch durch die Wechselwirkung mit dem Körper entsteht. Seele ist all das, das Innere, was der Körper hergibt. Und wenn der Mensch nichts aus der Freiheit heraus hinzufügt, nichts Errungenes, nichts individuell Geschaffenes, und er stirbt, dann ist alles Seelische weg, weil das vom Körper abhängig war. Und es bleibt gar nichts.

Sie werden sagen, es gibt keinen Menschen, wo gar nichts bleibt. Ich übe jetzt am extremen Fall, um zu evidenzieren, dass der Begriff des Geistes all das ist, was der Mensch körperunabhängig sich erringt. Das ist überhaupt der Begriff. Seele ist Passivität. Geist ist Schöpfertum, Tätigkeit.

Seele muss sein, denn das ergibt sich durch die Wahrnehmungen. Der Körper hat automatisch Wahrnehmungen. Das gefällt mir, das gefällt mir nicht und so weiter. Also Seele ist innerer Automatismus. Das ist ja wunderbar, es ist nicht gesagt, dass es schlimm ist. Aber wenn es nur das bei einem Menschen gibt, wenn er stirbt, dann ist alles weg, weil der Körper weg ist.

Wenn ein Mensch zwei, drei Gläser Chianti trinkt und sich im Wolkenkuckucksheim fühlt, das ist seelisches Erlebnis! Und was bleibt von dem nach dem Tod? Kein Chianti mehr. Tut mir leid. Das nennt man Fegefeuer, wo dieses Feuer, dieses seelische Feuer alle Begierden wegfegt, weil der Körper nicht mehr da ist, um sie zu befriedigen. Und was bleibt dann? Nur so viel Geist, wie man geworden ist. Seele ist der Mensch. Geist wird der Mensch. Oder er wird es eben nicht, weil er frei ist.

Also ich versuche jetzt in meinen Worten zu sagen, was die Verstorbenen uns sagen. Denn was haben sie nach dem Tod erlebt? Was erlebt der Mensch nach dem Tod? Er erlebt: Was bleibt von mir übrig? Jetzt ist der Körper weg, was bleibt von mir übrig? Und er muss die Feststellung machen: Im Zeitalter des Materialismus bleibt von mir herzlich wenig übrig. Und er sagt sich: Och, ein Glück, dass ich nochmals und nochmals die Möglichkeit habe, auf die Erde zurückzukommen.

Und was sagen sie uns? Du, lieber Freund, lieber Sohn, liebes Enkelkind, wenn du nicht nach dem Tod die Feststellung machen willst, dass ganz, ganz herzlich wenig von dir übrig bleibt, spute dich! Es ist nur am Anfang ein Sichsputen. Dann wird es sehr schnell zur Geisteswonne! Aber es muss aus der Freiheit heraus gemacht werden. Also das Gesetz des Geistes ist die Freiheit, die individuelle Freiheit.

Wenn Sie so wollen, ich nehme das als Beispiel, aber es ist wiederum ernst gemeint. Wir haben im *Archiati Verlag* (heute: *Rudolf Steiner Ausgaben*) eine ganze Reihe von Grundkursen: Grundkurs in Engellehre, Grundkurs in Karmalehre, jetzt einen Grundkurs in Psychologie, in Seelenwissenschaft. Das sind von mir aus Vorträge Steiners, in denen dieser

Eingeweihte, dieser Riesengeist in der modernen Menschheit, Wege der Freiheit hinstellt, wo der Mensch, wo der moderne Geist sich so viel Geistigkeit erringen kann, dass er nach dem Tod nicht wie ein Knirps nur dasteht, sondern von Angesicht zu Angesicht mit den Engeln, mit den Erzengeln, mit den Thronen, den Cherubim reden kann, weil er sie kennt (s. Engel-Hierarchien S. 191).

Ich kenne dich, du bist ein Thron, noch kein Cherub, noch kein Seraph. Cherubim und Seraphim ist Mehrzahl auf Hebräisch. Und du musst dich auch noch sputen, bis du zum Seraph wirst. Woher kennst du mich? Ganz einfach! Ich habe auf der Erde einen Grundkurs nach dem anderen in Geisteswissenschaft durchgeackert. Ja, was haben Sie dagegen? Das ist doch das Schönste des Lebens.

Sagen Sie mir etwas anderes, was noch schöner ist. Und ich bin mir ganz gewiss, dass das dasjenige ist, was die Toten uns sagen. Denn sie leben jetzt in der Welt der Engel. Und wenn sie gar nichts gelernt haben, haben sie es schwer, sich zu orientieren.

Es gibt viele Verstorbenen, die heruntergucken und sagen: Mensch, ich bin gestorben. Meine Frau ist noch auf der Erde. Ich habe so geschimpft, dass sie eine Anthroposophin war. Und jetzt möchte ich so gerne, dass sie mir diesen Zyklus von Vorträgen über die Engel vorliest, weil ich die Gedanken nicht habe. Das ist real, verehrte Anwesende, das ist ganz real. Wie konnte ich so schimpfen gegen diese Geisteswissenschaft? Ja, ich konnte nicht sehen, was nach dem Tod auf mich zukommt. Aber jetzt sehe ich das.

Sagen wir so, in diesem Zeitalter des Materialismus sagen uns die Engel, die Verstorbenen: Das ist die beste Zeit, die es gegeben hat, weil das Geoffenbarte, der geoffenbarte Geist weg ist. Jetzt hast du die Möglichkeit, aus der Freiheit heraus dir das zu erringen. Deshalb ist das die Zeit, in der auf der Erde eine Geisteswissenschaft als Werkzeug für das Individuum, um den Geist zu erringen, überhaupt entstanden ist.

Warum ist die Geisteswissenschaft nicht vor 1 000 Jahren in die Welt gekommen? Weil die Menschen noch jede Menge Geist hatten aus dem

Glauben, aus der Überlieferung, aus der Mutter Kirche. Wenn jemand zur Zeit des Franz von Assisi mit einer Geisteswissenschaft hergekommen wäre, hätte Franz von Assisi gesagt: Geisteswissenschaft, was ist das? Lieber Franz, wäre es nicht besser, dass du das, was du nur glaubst, verstehst?

Verstehen, was ist das? Er hätte nicht verstanden, was verstehen heißt. Der Glaube war ihm viel mehr, viel schöner als das Verstehen. Heute leben wir in der Zeit, wo das Verstehen ein weit größeres moralisches Gewicht hat als der Glaube. Denn der Glaube ist des Kindes. Das Verstehen ist des freien, erwachsenen Menschen. Schön ist der Glaube, schöner das Verstehen.

Natürlich haben viele von uns hier ihre Eltern schon in der geistigen Welt. In den letzten Tagen, wo ich die Gedanken vorbereitet habe, habe ich an meine wunderbare Mutter gedacht, dass sie mir die richtigen Gedanken gibt. Und immer wieder musste ich zu diesem Moment zurückkehren, wo meine Mutter mir gesagt hat: Kind, warum kannst du nicht glauben? Und sie hat sich sehr schwergetan, weil ich immer gesagt habe: Mutti, ich will verstehen! Und sie hat gesagt: Und das verstehe ich nicht.

Jetzt frage ich sie – sie ist schon längst in der geistigen Welt: Mutter, wie ist es jetzt? Ja, sie sagt: Ja, jetzt kann ich es verstehen, dass du verstehen wolltest. Denn jetzt gibt es für mich in der geistigen Welt nur das, was ich verstehe.

Nur in der sinnlichen Welt darf der Mensch glauben, kann er gerade noch glauben. Doch in unserer Zeit auch nicht mehr. Aber in der geistigen Welt gibt es nur das, was er versteht. Denn die Grundkraft des Geistes ist das Verstehen. Das denkerische Durchdringen, das denkerische Erfassen, das ist der Geist.

Vielleicht ist das genug von mir aus als Anregung heute Abend. Wichtig ist das, was jeder natürlich daraus macht. Und jetzt, wenn Sie nicht vergessen haben, was Sie fragen wollten, kommen Sie zu Wort.

Fragenbeantwortung

Teiln.: Wie lange dauert es, bis ein Toter in die Objektivität kommt?

P. Archiati: Er fragt: Wie lange dauert es, bis der Verstorbene in die Objektivität kommt. Das ist genauso wie zu fragen: Wie lange dauert es, bis ein Mensch etwas versteht? Und die Antwort ist, bei dem einen dauert es ein bisschen länger und bei dem anderen ein bisschen kürzer. Es ist unterschiedlich, das leuchtet ein.

Denn man kommt in die geistige Welt nach dem Tod mit der Denkreife, mit der Entwicklungsstufe des Denkens, die man sich errungen hat. Kein Mensch kann nach dem Tod ein besserer oder schlechterer Denker sein, als er es vor dem Tod war.

Kann der Tod einen Menschen ganz anders machen in seinem Geist? Der Tod ist eine rein körperliche Angelegenheit. Er hat mit dem Geist nichts zu tun. Wenn ein Mensch vor seinem Tod, verzeihen Sie das Wort, «doof» war, bleibt er auch nach seinem Tod «doof». Nicht dass wir denken, der Körper ist weg, plötzlich ist er ganz gescheit. Nein, so geht das nicht.

Rudolf Steiner hat das als eine der erschütterndsten Erfahrungen geschildert, die der Verstorbene macht. Gut dreieinhalb Tage lebt er in einem Riesentableau: alle Erinnerungen, alle Bilder des Lebens, die dann verfließen, sich zerstreuen, sich erweitern – ins Weltall. Und dann kommt eben die Seelenwelt, später die Geisteswelt. Und dann die Erfahrung, ich kann nur so gut oder so schlecht denken, wie ich auf der Erde habe denken können.

Teiln.: Ich meine, auf der Erde gibt es doch ganz unterschiedliche Menschen und zwar dahin gehend unterschiedlich [unv.], dass man vielleicht als «doof» nennen könnte, Sie verstehen mich jetzt sicher, dass da auch innere Behinderungen da sein können, körperlicher Art. Oder auch was in der Kindheit erlebt wurde, wie die ersten Jahre waren, was das Kind aufgenommen hat, hemmungslos im ersten Jahr. [unv.] Oder auch richtige körperliche Behinderungen. Ein Mensch ist sehr intelligent, kann sehr viel, kann sehr gut lernen und dieser Behinderte eben nicht. Da sehe ich jetzt, was Sie eben gesagt haben, eine Frage.

P. Archiati: Danke. Natürlich muss man die Dinge immer richtig verstehen. Darum geht es ja. Und das Wort «doof» war ja in Gänsefüßchen gemeint, um daran zu üben.

Nehmen wir jetzt den Fall, dass ein Mensch so weit entwickelt ist – auch als Geist in seinem Denken, in seinem Denkvermögen –, dass er vor der Geburt aus der Liebe, aus den Kräften der Liebe heraus einen Beitrag zur Überwindung des Materialismus geben möchte. Und um den Geist so rein hinzustellen, wählt er, statt den Körper ganz zu ergreifen, den Körper wie eine Aura zu umgeben.

Wir reden von geistiger Behinderung. Aber wir müssen gucken, was im Einzelfall wirklich vorliegt. Denn im Einzelfall kann es sein, dass dieser Mensch sehr weit entwickelt ist in seinem Geist, in den Kräften der Liebe. Und um einen Beitrag zu geben und um uns zu helfen, den Materialismus zu überwinden, stellt er all das, was wir in unserer Körperfixierung, in unserem Körperkult, in unserer Macht über den Körper als das Wichtigste erachten, durch seine sogenannte geistige Behinderung als nichtig hin. Ein Mysterium der Liebe ohnegleichen, von einem Geist, der sehr weit entwickelt ist.

Was mit dem «doof» in Gänsefüßchen gemeint ist, war ganz anders gemeint. Also die karmischen Bedingtheiten sind bei jedem Menschen so, wie sie sind. Aber wir reden von dem, was jeder Mensch als Geist in den karmischen Bedingtheiten, auch körperlichen Bedingtheiten, die immer da sind, ob er sein Potenzial, sein Freiheitspotenzial, was er im Denken als Geist hätte werden können bei allen Bedingtheiten, die es gibt, ob er das erschöpft hat oder in Angriff genommen hat oder versäumt hat, das zu werden. Das ist die entscheidende Frage.

Und beides muss möglich sein, sowohl das Üben der Entwicklung des Geistes als auch das Trägesein, das Versäumen der Entwicklung des Geistes, weil der Mensch frei ist.

Und nach dem Tod ist die Feststellung, ich hätte in meiner geistigen Entwicklung – ich habe jetzt das Denken genommen, weil das der Kern der geistigen Entwicklung ist – viel mehr werden können! Und ich habe Unendliches versäumt. Es stand mir frei, diese Geisteswissenschaft wirklich zu ergreifen. Jetzt könnte ich mich orientieren, ich würde einen Teufel von einem Engel unterscheiden können. Diese Entwicklung des Geistes habe ich versäumt.

Die Aussage war: Ich kann das jetzt nicht tun in der rein geistigen Welt. Real kann sich der Mensch nur im Körper entwickeln. Warum? Weil nur im Körper der Mensch frei ist. Weil er nicht weiß, was er tut. In der geistigen Welt ist die Übung der Freiheit gar nicht möglich, weil alles unmittelbar wirkt, so wie es ist. Und der Verstorbene sagt sich: Um Schritte nach vorne zu gehen, muss ich auf die Erde zurück.

Und sie sagen uns: Du, pass auf, wenn du stirbst, ist es aus. Du kannst keine Schritte mehr gehen, du kannst alles Mögliche verstehen, du kannst Bilanz ziehen, du kannst dir bewusst machen, was du geworden bist, was du nicht geworden bist, was du alles getan hast, wie du gewirkt hast und so weiter.

Aber du kannst nichts ändern. Um das zu ändern, um auszugleichen, um eine Tat des Hasses in eine Tat der Liebe zu verwandeln, musst du auf die Erde zurück. Das ist das moralische Gewicht der Erde, der Ort der Entwicklung des Menschen in der Freiheit.

Teiln.: Also können wir ihm nicht helfen in der geistigen Welt, wenn er einmal gestorben ist, können wir ihm nicht mehr helfen? Also im Katholischen betet man für jemanden, man versucht eigentlich, ihm zu helfen. Sie sagen jetzt, das ist nicht mehr möglich.

P. Archiati: Doch, wir können ihm helfen, alles Mögliche zu verstehen.

Teiln.: Indem, dass wir ihm vormachen, oder?

P. Archiati: Nein, die Gedanken ihm schicken, die er nicht gedacht hat. Aber die Tatsache, dass er jetzt versteht, besser versteht: Aha, jetzt unterscheide ich einen Engel von einem Erzengel und so weiter, bedeutet nicht, dass er etwas tun kann. Das ist etwas anderes. Um etwas zu tun, um anhand dieses Verstehens handeln zu können, muss er auf die Erde zurück.

Diese Unterscheidung ist sehr wichtig. Aber bedeutet das, dass jetzt dieses Verstehen nicht wichtig ist für den Verstorbenen? Nein, das Verstehen ist doch ganz wichtig. Und vor allem, es gibt es nicht nur, dass wir ihnen helfen können, es gibt es auch, dass sie uns helfen können. Ja, und worin helfen sie uns?

Teiln.: Im Verstehen.

P. Archiati: Ganz genau. Denn das Tun ist unsere Freiheit. Aber wir können tun, das können sie nicht.

Teiln.: Ich habe den Eindruck, manche Verstorbene, bevor sie sterben, sie nehmen nicht alles mit von ihrem Dasein, von ihrem Leben, sondern sie lassen es da. Ich habe den Eindruck, nicht alle Verstorbenen nehmen alles mit in die geistige Welt, sondern sie lassen etwas da bei ihren Nachkommen, bei ihren Kindern.

P. Archiati: Sie meinen ein paar Euro oder was? Was lassen sie da?

Teiln.: Was lassen sie da? Also, das, was sie nicht zum Richten gebracht haben (nicht in Ordnung gebracht haben), was sie nicht verstanden haben auf dieser Welt, das lassen sie ihren Kindern, ihren Nachkommen da.

P. Archiati: Aber das haben sie niemals gehabt, wie können sie es zurücklassen? Was sie nicht verstanden haben, haben sie niemals gehabt. Das können sie nicht zurücklassen. Man kann nur Materielles zurücklassen. Nochmals den Gedanken. Versuchen Sie den Gedanken nochmals.

Sie meinen – also eine Mutter hat ihrem Kind Werte beigebracht, moralische Werte –, Sie meinen, sie lässt das zurück? Es stimmt und stimmt nicht. Insoweit diese Mutter diese Werte in sich gehabt hat, gehören sie zu ihr und sie bringt sie über den Tod. Und insoweit diese Werte vom Kind sich zu eigen gemacht worden sind, sind sie des Kindes. Sie gehören zum Wesen des Kindes.

Jetzt hat die Mutter zwei Kinder. Das eine hat es sich zu eigen gemacht und das andere nicht. Man kann nicht sagen, es gibt ein Objektives, was die Mutter zurücklässt. Jeder ist, was er ist.

Und zurücklassen kann man die Erbschaft, leider, denn sie verdirbt das Leben der Erben. Es gibt viele Tote – das wäre auch ein Gedanke, den wir verfolgen könnten. Nehmen Sie das nicht als Kritik. Die Menschheit wird noch, ich sage nicht einmal Jahrhunderte, vielleicht Jahrtausende brauchen, um genügend Weisheit und moralische Kraft aufzubringen, alle Erbschaften einfach abzuschaffen.

Aber jetzt als Schritte dahin überlegen wir, wie es dem Verstorbenen zumute ist, wenn er merkt: Ich habe viel Geld gehabt, mein Sohn hat es geerbt, und das ist für den Sohn der Anlass, einfach zu faulenzen. Solche Fälle gibt es. Wie ist es dem Verstorbenen zumute? Eine Belastung ohnegleichen. Das ist das, was er zurückgelassen hat.

Teiln.: Also mir ist das alles, was Sie ausgeführt haben, wichtig. Wenn ich zum Beispiel einen ganz konkreten Verstorbenen habe, woher weiß ich, wie kann ich denn mit ihm ganz konkret umgehen? Wenn ich mit einem Schwachkopf zu tun hatte, der wenig Geist hat, oder vielleicht mit einer großen Seele, die ihren Körper nur umschattet hat? Also sehr allgemein.

P. Archiati: Das ist, wie wenn Sie sagen würden, jetzt haben Sie nur davon gesprochen, wie man mit Franzosen umgeht. Denn wir haben gesagt, um mit Franzosen umzugehen, muss man die gemeinsame Sprache haben, muss man Französisch können. Und jetzt fragen Sie: Das ist viel zu abstrakt, wie gehe ich mit diesem Franzosen um? Vorausgesetzt wird, dass Sie Französisch können.

Aber jetzt sagen Sie: Konkretisieren wir das. Das kann nur derjenige konkretisieren, der den Betreffenden kennt. Wie kann ich Ihnen die konkrete Verfasstheit eines Menschen für Sie konkretisieren, den ich gar nicht kenne? Und jetzt unterstellen Sie im Grunde genommen: Ich habe diesen Menschen zehn, zwanzig Jahre gekannt, aber ich habe keine

Ahnung, ob er eine reiche Seele ist, nehmen wir dieses Beispiel, oder eine arme Seele ist.

Ja, dann hätten Sie sich eine Brille, eine seelische Brille, anschaffen müssen. Also wenn ein Mensch zehn, zwanzig Jahre mit einem anderen Menschen lebt und keine Ahnung hat, ob dieser Mensch ein bisschen Reichtum hat oder ganz arm ist, dann hat er mit Luft gelebt. Natürlich wissen Sie von den Menschen, die Sie kennen, ob sie von dem einen reichere, tiefere Gedanken bekommen oder von dem anderen nur materialistische Gedanken. Das wissen wir doch.

Teiln.: Mich würde interessieren, wie sich Gebete für die Toten auswirken. Also ich bin im Katholischen aufgewachsen und meine Großmutter wurde zu Hause noch aufgebahrt [unv.] Es kamen die ganzen Nachbarn und fanden's sehr schön und man hat drei Tage lang fast immer gebetet und auch danach noch, also am Todestag. Und mich würde jetzt interessieren, wie sich dann die Gebete, ob das hilfreich ist oder ist es nur Tradition?

P. Archiati: Das ist natürlich eine komplexe Frage, keine leichte Frage. Zunächst würde ich sagen, eines können wir sicher sein, dass Gebete niemals schaden. Da kann man sicher sein.

Teiln.: Auch wenn es bloß, Entschuldigung, manchmal also [unv.] die alten Damen [unv.], wenn das so irgendein Geleier, Entschuldigung.

P. Archiati: Ich habe gesagt, das kann niemals schaden, weil im Gebet das Herz immer das Beste will. Und das ist gut. Ich habe gesagt, das kann niemals schaden. Ob es hilft, viel oder wenig hilft, darüber habe ich noch nichts gesagt. Ja, ich habe mir gut überlegt, wie ich das sage.

Jetzt nehmen wir ein kleines Kind, die Großmutter ist gestorben, und das Kind wird in diese Gesinnung genommen, wir beten für die Großmutter. Wozu betet man? Dass sie ins Paradies kommt, so schnell wie möglich doch. Und das ist schön. Denn im Paradies sein heißt, mit den Engeln sein, mit Gott sein. Und das Kind weiß, das ist schön, ich bete auch für die Großmutter.

Aber jetzt wächst das Kind heran. Also ein Kind nicht vor 1 000 Jahren, sondern heute. Und dieses Kind jetzt mit zwanzig, mit dreißig Jahren fragt: Ja, vor zwanzig Jahren habe ich gebetet, dass die Großmutter in den Himmel, ins Paradies kommt. Was ist das Paradies? Und was ist die Hölle?

Jetzt ist er zwanzig Jahre, dreißig Jahre alt und fragt sich: Wo haben wir unsere Großmutter hingeschickt? Ins Paradies, raketenhaft. Aber jetzt sag mir, was ist das Paradies? Ja, verschlägt es Ihnen die Sprache?

Teiln.: Schlaraffenland.

P. Archiati: Schlaraffenland. Großmutter ist im Schlaraffenland. Schlaraffenland ist für Kinder. Aber die Großmutter war kein Kind.

Teiln.: Und ob die Toten sich freuen, wenn für sie Messen gelesen werden.

P. Archiati: Und auch in dem Fall kann es niemals schaden. Höchstens der Schaden, dass man das bezahlen muss. Aber ansonsten kann es nicht schaden. Ob das ergiebig ist, ob das was bringt, das ist die andere Frage. Daran arbeiten wir jetzt. Also ich habe gewusst, dass es auch Totenmessen gibt. Ich kenne den Laden sehr gut.

Teiln.: Ist Afghanistan vielleicht die Hölle?

P. Archiati: Afghanistan? Für manche Menschen sicher.

Teiln.: Und hier vielleicht Paradies, dass wir die Möglichkeit haben für ein reiches Leben und Freiheit und Gedanken und Tun.

P. Archiati: Aber Sie haben jetzt ein Beispiel für Paradies und ein Beispiel für Hölle gebracht – beides in der Bemühung, meine Frage zu umgehen. Denn meine Frage war: Was ist Paradies? Ein Bewusstseinszustand und sonst nichts! Alles ist entweder ein Bewusstseinszustand oder nichts.

Was ist ein Gedanke? Ein Bewusstseinszustand. Das Bewusstsein ist zuständig für diesen Gedanken. In dem Zustand ist es. Was ist ein Erlebnisgefühl? Ein Bewusstseinszustand anderer Art. Was ist Hölle? Ein Bewusstseinszustand der Verzweiflung zum Beispiel. Aber die Verzweiflung ist ein Bewusstseinszustand.

Was ist ein Verstorbener? Ein Bewusstsein. Ein Bewusstsein jeweils in einem gewissen Zustand. Der wichtigste Unterschied zwischen Lebenden und Verstorbenen ist, dass die Lebenden ein begrenzteres Bewusstsein haben als die Verstorbenen. Das ist der Unterschied. Ein Verstorbener hat den größeren Überblick. Zu sterben heißt, das Bewusstsein zu erweitern. Sonst hätte das Sterben keinen Sinn.

Darum hat sich Sokrates sehr gefreut. Er hat geschimpft auf die jungen Männer, die nur geweint haben. Und er sagte: Was, ich habe geschwärmt ein ganzes Leben, wie toll das ist, endlich mal zu sterben, in die Welt des Geistes zu gehen! Und jetzt bin ich so froh, diesen Schierlingsbecher zu trinken. Und ihr seid so «doof», dass ihr nur weint. Und mit Wonne hat er seinen Schierlingsbecher getrunken und ist in die geistige Welt gegangen.

Sokrates vor dem Tod – ein toller Philosoph.
Sokrates nach dem Tod – ein noch tollerer Philosoph.
Bewusstseinszustand davor – Bewusstseinszustand danach.

Teiln.: [unv.] Aber ist das denn immer eine Erweiterung für den, Sie sagten ja eben, der sich hier nichts erarbeitet hat? Der hat dann auch lange nichts. [unv.] Sie sagten, nach dem Tod ist immer eine Bewusstseinserweiterung. Aber vorher, hatten Sie eben gesagt, wenn einer sich hier nichts erworben hat, oder wenig, dann wär's auch hinterher ein bisschen wenig.

P. Archiati: Aber ein klein bisschen mehr.

Teiln.: Also doch immer eine Erweiterung?

P. Archiati: Ich wünsche eine gute Nacht.

Zweiter Vortrag

Die Wende der Entwicklung

Von der gottgegebenen Weisheit zur Ich-errungenen Erkenntnis

Unterlengenhardt, 5. Januar 2010
(vormittags)

Sehr verehrte Anwesende, liebe Freunde!

[…] über die Art und Weise, wie man mit Menschen umgeht, die keinen physischen Körper mehr haben.[3] Die Vorstellung ist schon für den heutigen Menschen grotesk. Wie kann ein Mensch ohne Körper sein? Und davon war gestern schon die Rede, dass die große Schwierigkeit für uns der Materialismus ist, in dem Sinne, dass der heutige Mensch, der normale Mensch heute, nur das als wirklich, als real erlebt, was irgendwie auch sinnlich wahrnehmbar ist. Wenn etwas nicht sinnlich wahrnehmbar ist, erlebt der heutige Mensch gar nichts.

Kann man einen Gedanken übersinnlich wahrnehmen? Machen wir diese kleine Übung. Für uns normale Menschen muss der Gedanke geäußert werden, das heißt, durch die Sprache wahrnehmbar gemacht werden. Man nennt das Telepathie, wenn ausnahmsweise jemand einen Gedanken eines anderen wahrnimmt, ohne dass er das äußert. Das ist die absolute Ausnahme. Ich muss Ihnen verraten, dass es gut so ist. Denn überlegen wir uns, wie es wäre, wenn Menschen um mich herum die Möglichkeit hätten, immer zu wissen, wahrzunehmen, was ich denke, zum Beispiel was ich über den Betreffenden denke.

Gut, das sind ganz wichtige Gedanken, um zu wissen, wie wir mit den Verstorbenen umgehen. Wir haben den physischen Körper, wir nehmen alles durch den physischen Körper wahr. Die Verstorbenen haben keinen. Was nehmen sie wahr?

3 Der Beginn des Vortrags ist in der Tonaufzeichnung nicht enthalten.

Teiln.: Unsere Gedanken.

Unsere Gedanken. Ohne Weiteres?

Teiln.: Wenn sie uns suchen [unv.]

Nehmen wir an, ein Rudolf Steiner – das wäre, so wie ich meine, Steiner zu kennen – hat als absolute Ausnahme die Möglichkeit, die Gedanken, also die innere Verfasstheit, des anderen wahrzunehmen. Übrigens hat er gesagt, dass selbst ein Eingeweihter das nur ausnahmsweise darf. Und wenn das geschieht, dann nur, weil die Aufgabe besteht, einen Schritt nach vorne zu tun. Und er darf niemals davon etwas verraten. Denn wenn er das tut, wäre er nicht so weit, diese Gabe zu bekommen, sodass er wahrnimmt, was beim anderen in den Gedanken los ist.

Aber das bedeutet nicht, dass, wenn ein Mensch stirbt, er automatisch diese Fähigkeit hat. Die Fähigkeit muss errungen worden sein, Gedanken übersinnlich wahrzunehmen. Es ist nicht ohne Weiteres so, dass der Verstorbene unsere Gedanken wahrnimmt. Er muss dabei sein.[4] Und er nimmt die Gedanken nur in dem Maße wahr, wie die Gedanken mit seelischer Substanz der Gefühle und mit Willenskraft (in Richtung der Tat) durchtränkt sind, das heißt gefühlsdurchdrungene Gedanken und willensdurchtränkte Gedanken.

Und was erlebt da der Verstorbene? Nicht so sehr die Gedanken, die wir denken, sondern was wir an den Gedanken erleben. Dieses Erlebte, dieses Erleben, dieses Astralische, wie die Geisteswissenschaft sagt, das ist eine seelische Substanz, und die ist wahrnehmbar im Geistigen. Aber Gedanken als solche sind für den Verstorbenen reine Luft, gar nichts.

Also, jetzt machen wir eine Übung zu allem, was der Verstorbene überhaupt mitbekommen kann. Und die Frage ist: Wie rede ich, wie komme ich in eine Kommunikation mit dem Verstorbenen? Und die Geisteswissenschaft Rudolf Steiners dient auch dazu, uns zu sagen, was von dem, was auf der Erde erlebt wird, beim Verstorbenen bleibt und was verschwindet.

---

4 s. auch S. 44.

Denn gestern ist schon jemand, was ja verständlich ist, ein bisschen unmutig geworden, weil er gemeint hat, das ist mir zu abstrakt. Ich möchte ganz konkret wissen, wie man mit den Verstorbenen kommuniziert. Ja, ich gebe dir die Telefonnummer, ruf an! So stellen sich manche Menschen das vor. Das ist dann der Materialismus. Und man muss sagen: Nein, so einfach ist es wirklich nicht.

Einmal habe ich, ich meine es war in Bühl, einen Vortrag über die Engel gehalten und ich habe angekündigt, auch etwas darüber zu sagen, wie man mit den Engeln kommuniziert. Es waren Menschen im Saal, vor allem eine Frau, eine junge Frau, die sich dann gemeldet hat und sie sagte: Aber Sie haben uns nicht gesagt, wie man mit den Engeln in Kommunikation tritt. Und dann hat sie erzählt, dass sie Tonbänder gekauft hatte, wo Stimmen von Engeln aufgenommen worden sind. Und ich musste sagen, diese Art der Kommunikation mit den Engeln kenne ich gar nicht.

Sie kennen natürlich das ganze Phänomen des Spiritismus. Nur nebenbei erwähnt: Spiritismus sind Versuche, die Verstorbenen zu materialisieren. Denn Sie wissen ja, im Spiritismus ist es sogar möglich, dass ein verstorbener Mensch die Hand eines Lebenden ergreift und der schreibt. Aber die Hand wird bewegt von einem Verstorbenen. Das gibt es. Oder Tische werden gerückt. Zur Zeit Steiners gab es mehr Spiritismus als jetzt. Jetzt hat man nicht einmal mehr Interesse an solchen Erscheinungen der Toten.

Es ist selbstverständlich, dass viele Verstorbene, gerade weil sie so materialistisch gelebt haben, den Körper so entbehren, dass sie alles tun würden, um irgendwie noch irgendeinen Körper, einen Menschenkörper zu erwischen, um sich zu äußern, um sich wahrnehmbar zu machen. Sie meinen: Mensch, das gibt es doch nicht, dass ich in den Köpfen, in den Gemütern der Zurückgebliebenen verschwunden bin. Mich gibt es doch! Sie möchten sich melden. Das kann man verstehen.

Und weil wir zu wenig diese Möglichkeit pflegen, geistig-seelisch, mit dem Gemüt, mit den Gefühlen, mit den Willensimpulsen, mit den Idealen mit den Engeln zu kommunizieren, mit den Verstorbenen zu kommunizieren, ist es verständlich, dass sie (die Verstorbenen) versuchen, körperlich einzugreifen, um sinnlich wahrnehmbar zu werden. Und die Entwicklung der Menschheit ist so, dass unsere Körper – das hat auch einen guten Sinn, einen weisheitsvollen Sinn –, immer verhärteter geworden sind, sodass es heute ziemlich unmöglich ist, nicht einmal ausnahmsweise, dass ein Verstorbener direkt einen Körper eines Lebenden ergreift.

Aber gehen wir zurück, wir sind ungefähr im Jahr 1930 – ich erzähle Ihnen jetzt etwas, was wirklich, polizeilich sogar, in den Akten festgehalten wurde –, nach Catanzaro, also das genaue Jahr weiß ich nicht mehr, Catanzaro ist in Kalabrien (Italien). Vielleicht kennt jemand von Ihnen den Autor Otto Julius Hartmann. Der hat ein Buch geschrieben, vielleicht finde ich das Buch noch, wo er diese Fälle erzählt.[5]

---

5 s. *Geheimnisse von jenseits der Schwelle,* von Otto J. Hartmann (Graz [1956]), S. 50-51:

«Am 5. Jänner 1939 begibt sich ein siebzehnjähriges Bauernmädchen namens Maria Talarico aus Siano in Begleitung ihrer Großmutter zu ihrer Mutter, die vorübergehend in der benachbarten kalabrischen Stadt Catanzaro wohnt. Als sie auf dem Heimweg die Brücke passiert, die beide Ortschaften verbindet, zögert sie, bleibt beim vierten Geländerpfeiler stehen und schaut aufmerksam auf das jenseitige Ufer, als spiele sich dort ein interessanter Vorfall ab. Die Großmutter kann nichts bemerken und fordert sie zum Weitergehen auf. Das Mädchen jedoch dreht sich mit dem Ausdruck größten Entsetzens um und läuft in Todesangst den Weg zurück. Sie hat den Brückenkopf noch nicht erreicht, als sie Schmerzensschreie ausstößt, sich ans Knie faßt und bewußtlos zu Boden stürzt. Als sie schließlich wieder erwacht, ist sie verwandelt. Sie weist ihre herbeigeeilte Mutter zurück und fordert die Umstehenden auf, eine Frau Katharina Veraldi herbeizuholen. Diese sei ihre Mutter. Zugleich sind Stimme und Gehaben des Mädchens vollständig verändert, sie scheint ein Mann mit rauher Stimme und männlichen Trink- und Rauchgewohnheiten. Im weiteren Verlaufe behauptet sie, jener junge Mann zu sein, der vor drei Jahren tot unter der Brücke gefunden worden war und von dem die Polizei Selbstmord angenommen hatte. Sie schreibt Briefe in einer Schrift, die Frau Veraldi sofort als die ihres verunglückten Sohnes erkennt, weiß über intimste Verhältnisse des Verstorbenen, den sie im Leben nicht kannte, Bescheid, und schildert weiterhin den Hergang der Ermordung durch Freunde des Ermordeten. Sie wird nun mit diesen zusammengebracht, erkennt sie, nennt sie mit ihren Spitznamen und erinnert sie an intime Einzelheiten ihres früheren Beisammenseins. Schließlich begibt sie sich an den Ort des Verbrechens und schauspielert dort in furchtbarer Realistik den ganzen Hergang der Tat. (Die polizeiliche Untersuchung ergibt nachträglich die Richtigkeit ihrer Angaben.) Dann fällt sie in tiefe Bewußtlosigkeit, erinnert sich nach dem Erwachen an nichts mehr und ist nun wieder das schlichte Mädchen von früher.»

Da steht dieser Fall: Ein junger Mann wurde unter einer Brücke von seinen Freunden einfach ermordet, getötet. Der Grund interessiert uns jetzt nicht. Aber dann haben die Freunde das Gerücht verbreitet, er habe sich das Leben genommen. Und es gab keine Möglichkeit, das zu beweisen. Er ist gestorben, und er muss eine Wut gehabt haben, dass sein Ruf jetzt so durch eine Lüge, durch einen Rufmord, durch eine Verleumdung geschädigt wurde. Und er hat eine solche Begierde gehabt, irgendeinen Körper zu ergreifen, um zu sagen: Nein, das stimmt nicht und zu erzählen, was da alles geschehen ist.

Es gab ein Mädchen in diesem kleinen Dorf – also Catanzaro ist eine größere Stadt –, so fünfzehn, sechzehn, siebzehn Jahre alt. Jetzt stellen wir uns einen Menschen vor, ein Mädchen, damals noch eine schöne Seele, eine zarte Seele, das heißt, sie hat noch wenig den Körper ergriffen. Es ist so eine schöne Seele, die noch den Körper mehr umschwebt als ergreift. Und dieser Verstorbene hat da die beste Chance.

Dieses Mädchen geht auf eine Brücke, und in der Mitte der Brücke bricht sie zusammen und fällt zu Boden. Dann steht sie auf und fängt an, mit einer rauen Stimme – denn das war ein Raucher, dieser Junge – von diesem Mord zu sprechen. Dann wird die Polizei gerufen und so weiter und dieser Verstorbene schildert mit seiner Stimme den Tathergang. Die Freunde konnten das alles erklären, sie waren absolut, wie soll ich sagen, erschüttert.

Er hat durch den Körper dieses Mädchens erzählt, wie das alles war. Und natürlich, bei so einer Zeugenschaft konnten sie nichts machen. Seinen Spitznamen und die Spitznamen aller anderen hat er erzählt, aber alles durch den Körper dieses Mädchens. Und nachdem er das bewiesen hatte, hat er das Seine getan, hat seinen Ruf wieder in Ordnung gebracht und sich dann wieder aus diesem Körper herausgenommen.

Und es wurde natürlich für diese Seele, diese weibliche Seele, noch schwieriger, den Körper zu ergreifen. Denn wenn diesem Körper eine Zeit lang Gewalt angetan worden ist, also die ganzen Kehlkopfkräfte, die ganzen Bewegungen verzerrt worden sind, weil ein ganz anderer Geist, ein extrem stark verkörperter Geist zum Beispiel, diesen benutzt hat, sind die Bewegungen so widersprüchlich geworden, dass es für dieses Mädchen noch schwieriger war, den Körper richtig zu ergreifen und eine Aufgabe auf der Erde zu ergreifen.

Denn der Sinn des Lebens auf der Erde ist die Verkörperung, nicht die Entkörperung. Die Zeit kommt ja für die Entkörperung, keine Sorge. Wir sterben ja alle. Aber der Sinn ist, dass wir uns richtig verkörpern, um durch den Körper alles in Anspruch zu nehmen, was für die Entwicklung notwendig ist. Und wie gesagt heute – wir waren in den 30er-Jahren – wäre so etwas zum Glück kaum mehr möglich. Durch den zunehmenden Materialismus ergreifen wir den Körper noch viel stärker, sodass ein Herausschlagen des Ich kaum mehr möglich ist.

Also, die Frage ist, wenn die Verstorbenen nicht mehr die Möglichkeit haben, nicht einmal ausnahmsweise, den Körper eines Lebenden zu ergreifen und sich sinnlich zu äußern, wie äußern sie sich? Wie verständigt man sich mit ihnen? Und eine ganz wichtige Übung, die man immer wieder machen kann, ist: Was verschwindet am schnellsten aus unserer ganzen Sprache bei den Toten? Und ich habe gedacht, wir können zum Beispiel einen Satz nehmen, ich schreibe einen Satz an die Tafel:

> «Oh, wie schön es war mit dir,»

Also der Zurückgebliebene denkt an den Verstorbenen und sagt ihm: «Wie schön es war mit dir». Wie habe ich mir den Satz ganz genau (aufgeschrieben), sagen wir:

> «gemütlich zu wandern im dunklen Wald, im dunklen Schwarzwald, im frischen Wald, im Sommer.»

Nehmen wir an, jemand möchte das dem Verstorbenen sagen. Es ist ja schön, es ist ja normal. Und die Frage ist, was versteht er davon? Was kommt an und was kommt nicht an? Und da gibt es eine vierfache Stufe, wenn Sie wollen. Man kann es auch noch komplizierter machen. Aber machen wir das vereinfacht.

In der Sprache haben wir Substantive, auf Deutsch Hauptwörter. Dann haben wir Adjektive, Eigenschaftswörter. Und auch Adverbien, Umstandswörter auf Deutsch. Dann gibt es Tätigkeitswörter oder Verben. Und dann gibt es Ausrufe. Darum habe ich da «Oh» geschrieben.

Das Erste, was fast unmittelbar nach dem Tod für den Verstorbenen verschwindet, es ist einfach nicht mehr da, sind alle Hauptwörter, die Substantive. Warum? Weil das Abstraktionen sind. Wir sehen: «Oh, wie schön es war, mit dir gemütlich zu wandern im frischen Wald.» «Wald» ist ein Hauptwort: «Wald» – weg! Was ist Wald? Sie werden sagen: Aber Wald ist nicht nur ein Begriff, Wald ist eine Vorstellung. Ich habe die Vorstellung des Waldes, ein Bild. Könnte der Verstorbene nicht diese Vorstellung wahrnehmen? Es ist ein Bild!

Nein, weil diese Vorstellung nur durch das Gehirn entstehen kann. Die Vorstellung setzt die Wahrnehmung voraus, siehe *Die Philosophie der Freiheit.*[6] Und die Wahrnehmung ist nur möglich durch den physischen Körper. Das ist ganz wichtig zu wissen, ganz nüchtern zu wissen. Wenn ich versuche, mittels Hauptwörtern mit den Verstorbenen zu kommunizieren, komme ich überhaupt nicht an. Er sieht und nimmt von mir nichts wahr, wenn ich mit den Hauptwörtern daherkomme.

Sommer, was ist Sommer? Ein Begriff. Ein Begriff ist noch schwieriger. Ein Begriff ist für die Verstorbenen weg. Wir sagen Sommer, und der Verstorbene meint: Hat er etwas gesagt? Das ist ganz wichtig. Denn manche Menschen meinen, sie reden und der Verstorbene muss es verstehen. Nein, man muss sich wirklich bewusst machen, wie es aussieht, ohne Körper zu leben, rein als Seele, rein als Geist. Das ist ganz wichtig.

Also die Hauptwörter sind das Erste, was verschwindet, ziemlich sofort nach dem Tod, wenn der Körper weg ist. Sie sind höchstens noch durch den Ätherleib die drei Tage, die dreieinhalb Tage da, wo die ganze

6 s. auch Rudolf Steiner, *Die Philosophie der Freiheit* (Bad Liebenzell 2025, 9. Auflage), mit beiden Ausgaben (1894 u. 1918) im Vergleich.

Erinnerung auftaucht. Denn in diesen Erinnerungstableaus sind Bilder. Da könnte man vielleicht durch diese Erinnerungsbilder noch ein Bild vom Wald haben. Aber dann verschwindet das ziemlich schnell.

Die Eigenschaftswörter sind das Nächste. Wie schön es war mit dir, «gemütlich» ... Das bleibt noch ein bisschen länger beim Verstorbenen, weil der Verstorbene wahrnimmt, was das Gemüt beim Sagen von «gemütlich» erlebt. Die Freude, die Dankbarkeit, die Innigkeit. Die Freuden der Freundschaft. Das heißt der Verstorbene hat eine Beziehung zum seelischen Erlebnis des Gemütlichen. Aber vom Wort, vom Adjektiv, von diesem Eigenschaftswort hat er keine Ahnung. Also das Nächste, was verschwindet, ist: «schön», «gemütlich», «dunklen», «frischen».

Ganz wichtig ist, dass das, was von den Wörtern am längsten bleibt, die Verben, die Tätigkeitswörter, sind. Warum bleiben die Tätigkeitswörter – und Sie sehen ja, wir reden jetzt vom «Wandern» –, warum bleiben die am längsten bei den Verstorbenen? Weil in den Tätigkeitswörtern die Tätigkeit vorhanden ist. Und mit Tätigkeit ist immer ein Erleben verbunden.

«Wandern» – es wird dieses Dynamische, diese Beweglichkeit, auch diese Kraftentfaltung, Kraftanwendung, dieses Willensmäßige als entgegengesetzter Pol zum rein Gedachten erlebt. Dieses Willensmäßige, dieses Kraftende ist für den Verstorbenen eine Realität. Das Wort hört er natürlich physisch nicht, aber wandern, Bewegung, Entwicklung. Ah, das weiß er. Er sagt sich: Das verstehe ich, wandern. Und dann kommt eine Zeit, wo auch die Verben weg sind, wo man dann rein übersinnlich, rein seelisch mit den Verstorbenen kommuniziert.

Und noch länger bleiben die Ausrufe, die ja noch nicht einmal richtige Wörter sind: Oh! Oh, wie schön! Was ist in diesem «Oh» drinnen? Die Freude des Gemüts. Und dieses Erlebte, das reale Erlebnis, das kann der Verstorbene unmittelbar wahrnehmen. Au, Au! Italienisch Ai! Au, au! Das bekommt der Tote, der Verstorbene, unmittelbar mit, weil das ein unmittelbares Erlebnis ist. Und wir äußern das sprachlich so, dass dieses unmittelbare Erlebnis mit einem Ausrufezeichen versehen wird. Der heutige Mensch braucht ein Ausrufezeichen.

Ich weiß nicht, ob Sie das kennen. Ein Unterschied in der Handhabe der Sprache zwischen Nord und Süd ist, dass der Mensch im Süden großzügiger ist im Gebrauch der Ausrufezeichen, und der Mensch im Norden hat mehr eine Abneigung. Warum? Weil der Mensch im Norden mehr Objektivität in die Sprache hineinbringen möchte und ein Ausruf ist immer subjektiv.

Je mehr Ausrufezeichen verschwinden, desto schwieriger wird es für die Verstorbenen, mit uns eine Anknüpfung zu finden. Das heißt, je «nüchterner», je objektiver die Menschen werden, desto schwieriger wird es für die Nicht-Nüchternen, für die Verstorbenen, in eine Beziehung zu treten. Also um mit den Verstorbenen in Beziehung zu treten, muss man die Nüchternheit überwinden. Denn Nüchternheit heißt: Es darf nur die Objektivität der materiellen Welt gelten. Und da ist der Verstorbene völlig aufgeschmissen.

Denn die Nüchternheit der Naturwissenschaft besteht darin, dass das Subjektive, das Erlebte, die Emotionen da nichts zu suchen haben. Aber der Verstorbene hat nur eine Beziehung zu diesem Subjektiven, zu diesem Erlebten. In der Kommunikation mit den Verstorbenen ist das ganz wichtig. Also wie gesagt, das Erste, was verschwindet, sind die Hauptwörter, dann verschwinden für den Verstorbenen die Eigenschaftswörter und dann die Tätigkeitswörter. Die Tätigkeitswörter bleiben am längsten.

Und das Letzte, was noch wahrgenommen wird: Hilfe! Hilfe! Ein Mensch auf der Erde ruft: Hilfe! Hilfe! Vielleicht hört es keiner, weil kein Mensch von den Lebenden in der Umgebung ist. Aber die Verstorbenen nehmen das am meisten wahr. Meinen Sie, dass die Verstorbenen das hören? Sie hören das natürlich nicht. Sie haben keinen Körper. Was nehmen sie wahr? Nicht die Gedanken. Also ein Mensch ist dabei zu ertrinken und ruft ganz laut: Hilfe, Hilfe! Was erlebt dieser Mensch?

Teiln.: Angst.

Die Angst! Und das ist eine Wirklichkeit für den Verstorbenen. Eine absolute Wirklichkeit. Denn diese Todesangst ist eine wuchtige, gewaltige Realität. Das nimmt der Verstorbene unmittelbar wahr.

Jetzt gibt es nochmals von der Geisteswissenschaft eine Hilfe. Gut, jetzt haben wir uns ein paar Gedanken darüber gemacht, wie man, mit welcher Sprache man mit den Verstorbenen kommuniziert. Aber eine andere Frage ist, wie die Beziehung hergestellt wird. Wenn zum Beispiel ein Mensch weit weg ist, dann muss ich die Beziehung herstellen. Ich muss wie beim Telefon wählen, dann ist die Verbindung hergestellt, jetzt können wir alles Mögliche sagen. Aber wenn die Verbindung nicht da ist, kann nichts passieren.

Eine ganz wichtige Frage für die Kommunikation mit den Verstorbenen ist: Wie wird die Verbindung hergestellt? Ganz wichtig! Denn sonst meine ich, alles Mögliche ihm zu sagen, an ihn zu denken und wunderbare Dinge ihm gegenüber zu fühlen, aber wenn die Verbindung nicht da ist, nimmt er gar nichts von mir wahr.

Und das Entscheidende, der zentrale Gedanke, um die Verbindung herzustellen, ist: Dieser Mensch, der gestorben ist, ist ein Ich. Und ein Ich heißt, es gibt etwas bei diesem Menschen, bei diesem Verstorbenen, bei jedem Verstorbenen, auch bei jedem Menschen, bei jedem von uns, es gibt etwas oder vieles, was absolut einmalig ist. Einzigartig!

Denn was meinen wir mit dem Wort Ich? Wir meinen all das, was nur bei mir ist. Denn all das, was ich mit anderen gemeinsam habe, das gibt's auch, jede Menge. Da sage ich «wir». Wir alle Menschen oder wir eine Gruppe oder wir eine Gemeinschaft, oder was auch immer. Aber wenn ein Mensch Ich sagt, meint er das, was nur bei ihm vorhanden ist. Das einmalige Ich. Und das Gesetz des Verbindung-Herstellens ist, dass ich etwas hervorbringen muss, wo der Verstorbene sagt, sagen kann: Das bin ich!

In einem Riesenmeer, in einem Ozean von geistigen Wesen, von Seelen, von Engeln, von Menschen: Wo bin ich? Wer bin ich? Wie findet man das Einmalige eines Menschen? Bloß nicht, dass man an etwas ganz Wichtiges denkt. Denn wenn man an etwas ganz Wichtiges denkt, dann gilt das für alle Menschen. Aus dem Grund ist es wichtig. Also, das Einmalige ist immer etwas Komisches, etwas Verrücktes, sonst wäre es nicht einmalig, sonst hätte er das gemeinsam mit anderen. Also es muss ausgeflippt sein!

Rudolf Steiner schildert, das hat mich immer wieder entzückt und verdutzt, wie er einen Lehrer hatte. Wir können uns das vorstellen: Jetzt ist dieser Lehrer, weil er ja älter ist als Steiner, gestorben. Und der Steiner muss sich fragen: Wie stelle ich die Verbindung mit diesem Verstorbenen her?

Er sagt, es gab etwas Charakteristisches bei diesem Menschen, was sonst kein anderer so gemacht hat, und zwar jedes Mal, wenn er nicht im Alltag, sondern in der Schule im Unterricht oder irgendwie im Zusammenhang reden musste, richtige Sätze fassen musste und nicht nur so einfach reden konnte wie wir. Es wäre, wie wenn Sie da sitzen und wir miteinander diskutieren und ich sage: Komm hier nach vorne und sag das. Und der arme Mensch überlegt: Jetzt muss ich die Sätze gut überlegen.

Dieser Mensch, von dem Steiner redet, hatte die Eigenschaft, dass er jedes Mal, aber wirklich jedes Mal, wenn er im Zusammenhang, das heißt ein bisschen vernünftiger, offizieller reden musste, immer das Taschentuch herausgenommen hat. Die Nase war ganz in Ordnung. Die Nase musste gar nicht geputzt werden, aber er hat es immer getan. Und die Schüler wussten: Jetzt steigt er auf den Katheder und wir können sicher sein, wenn er sein Taschentuch vergessen hat, wird er nicht anfangen können zu reden. Und so war es wirklich.

Steiner sagt, das ist so typisch für diesen Menschen, so einzigartig, wie er das Taschentuch aus der Tasche nimmt. Denn in dem Moment überlegt er: Mensch, jetzt muss ich gut überlegen, wie ich rede. Jetzt kann ich nicht so reden wie mir der Schnabel gewachsen ist, jetzt muss ich aufpassen. Und kein anderer Mensch hat so etwas gemacht.

Wenn der Zurückgebliebene eine scharfe Vorstellung von diesem Bild hat, sieht der Verstorbene dieses Bild in der Vorstellung, weil diese

Vorstellung nicht die Vorstellung irgendeines Begriffes ist, sondern die Vorstellung seines Ich: «Das bin Ich.» In diesem Riesenkosmos einer Unendlichkeit von geistigen Wesen die Art, die Nase zu putzen – nur ich habe so etwas gemacht.

Also, liebe Freunde, will ich mit einem teuren Verstorbenen reden, sei es meine Mutter, meine Großmutter, mein Großvater, ein Freund, wer auch immer, es ist ganz entscheidend, dass ich weiß, er wird niemals mit mir überhaupt in Verbindung treten können – sodass er da ist und mich hört und meine Gedanken wirklich ankommen –, es sei denn, ich rufe ihn durch eine scharfe Vorstellung von irgendeiner Körperhaltung, von irgendetwas, was absolut typisch war. Das ist ganz entscheidend, sonst ist die Verbindung nicht da. Sonst muss man sagen: Besetzt! Denn «besetzt» heißt, die Verbindung ist einfach nicht da.

Jetzt halten wir fest, dass nach dem Tod alles Gemeinsame, die ganze Sprache weg ist. Und wenn alles weg ist, was bleibt für den Verstorbenen? Die Frage, mit der der Verstorbene ringt, ist: Wer bin ich? Denn auf der Erde wurde davon geschwafelt, dass der Mensch unsterblich ist. Gut, aber wenn von mir nichts Individuelles, nichts Einzigartiges da ist, dann bin ich nur ein Tropfen im Ozean! Gibt es etwas, wo ich sagen darf, das ist nur meins? Das bin ich und sonst kein anderer.

Also der Verstorbene ringt um die Signatur des Ich, um das Einmalige, was sonst kein anderer hat. Und dieses Einmalige zeigt sich, hat sich im Leben gezeigt, wenn etwas absolut typisch ist. Bei meiner Mutter werde ich niemals vergessen, wie sie den Teig geknetet hat. Ich sehe ganz genau ihre Hände. Kein Mensch hat seine Hände so hin und herbewegt. Und das Gesicht. Und wenn ich dieses Bild habe, bin ich ganz sicher, sie ist da. Denn sie muss sagen: Das bin ich, denn kein Mensch hat das so gemacht wie ich.

Wenn die Verbindung hergestellt worden ist, kann man dem Verstorbenen Gedanken kommunizieren, weil diese Gedanken jetzt durchtränkt sind von der Freude der Beziehung, der Dankbarkeit, der Erinnerung, weil er da ist. Wenn er nicht da ist, ist die Beziehung gar nicht da. Das heißt, die Gedanken, die ja theoretisch wahrnehmbar wären, verpuffen, weil die Beziehung nicht da ist. Er nimmt mich gar nicht wahr.

Aber wenn die Beziehung da ist, kann ich ihm einen ganzen Vortrag über die Engel vorlesen. Er hört die Worte ja nicht. Aber die Gedanken, die ich denke, weil ich ihn hergerufen habe, sind ihm unmittelbar wahrnehmbar. Und jetzt versteht er den Unterschied zwischen Engel, Erzengel oder Volksgeist und Zeitgeist und so weiter, zwischen Geistern der Form, Geistern der Bewegung, Geistern der Weisheit, dann die Throne, die Cherubim, Geister der Harmonien, und die Seraphim und so weiter (s. Engel-Hierarchien S. 191). Denn er ist ja jetzt in Gemeinschaft mit allen diesen geistigen Wesen.

Ein anderes ist, dass man sich fragt – wenn ich um etwas ringe, um eine Entscheidung –, dass ich mich frage: Was mache ich? Und jetzt heißt es, die Verstorbenen sind durch das sogenannte Fegefeuer gegangen, Sie werden immer begierdeloser. Sie haben einen besseren Überblick und sie können uns Rat geben. Also eine der wichtigsten Sachen im Gespräch mit den Verstorbenen ist, dass man fragt: Was würdest du mir raten? Denn dadurch, dass man verkörpert ist, ist man voller Begierden und auch Wünsche, die viele Egoismen in sich tragen.

Und jetzt fragt man den Verstorbenen. Und die Frage ist: Wie bekommt man Rat? Die Verstorbenen, vor allem, wenn sie mit uns verbunden sind, haben die tiefste Sehnsucht, uns ihre Ratschläge zukommen zu lassen. Und hier gibt es wiederum Gesetze der Kommunikation. Ohne dass ich das geisteswissenschaftlich sage, rein menschlich gedacht, was schätzen Sie, könnte der vorzüglichste Moment sein, um die Fragen anzubringen?

Beim Aufwachen? Beim Aufwachen doch schwer, weil Aufwachen heißt, von der geistigen Welt, von der Welt der Verstorbenen in die physische Welt zurückzukommen. Also das ist der Weg, wo die Antworten kommen, das ist die Richtung der Antworten. Machen wir das an der Tafel hier so: Wir haben, also skizzenhaft natürlich, hier die physische

Welt, wo wir sind, wo der Betreffende ist. Hier haben wir skizzenhaft die geistige Welt und hier sind die Verstorbenen, die Toten.

Einschlafen heißt, von hier (physische Welt) nach dort (geistige Welt) zu gehen. Das ist die Richtung der Fragen. Und Aufwachen heißt, von dort nach hier zu kommen. Das ist die Richtung der Antworten. Das ist doch selbstverständlich. Das leuchtet sofort ein. Nur, wie macht man das konkret? Ein Mensch weiß beim Einschlafen, fünf, zehn Minuten vor dem Einschlafen – und das kann ja jeder –, also er sagt sich: Ich gehe jetzt in die geistige Welt hinein.

Übrigens was heißt, in die geistige Welt zu gehen? Es heißt, im Bett bleiben physischer Körper und Ätherkörper, also der Ätherleib, sonst würde er sterben. Machen wir den Ätherkörper hier so grün (Tafel). Also im Bett bleiben physischer Körper und hier Ätherkörper, der Lebenskräfteleib, und heraus kommen, machen wir es so, Ich und Astralleib. Der Astralleib ist die Seele und das Ich ist der Geist.

Also ein Mensch, der schläft, ist ein Mensch, dessen physischer Körper und Lebenskörper im Bett sind, zusammenbleiben, sonst würde er sterben. Tod heißt, dass auch der Lebenskörper herauskommt. Dann bleibt nur der Leichnam. Also im Bett, im Schlaf haben wir physischen Körper und Ätherkörper. Nur der Geist und die Seele sind in der Welt des Geistes, in der Welt der Verstorbenen. Hier sind die Verstorbenen.

Es geschieht jede Nacht eine unheimliche Kommunikation zwischen unserer Seele und unserem Geist und den Verstorbenen. Nur haben wir kein Bewusstsein davon. Und warum haben wir kein Bewusstsein davon? Weil wir nicht verbunden sind mit dem Spiegelungsapparat, und das ist der physische Körper. Also wir müssen davon ausgehen, dass in der Nacht jede Menge hier geschieht, uns überbewusst, vor allem mit den Verstorbenen, die uns bekannt sind, mit denen wir gelebt haben. Da ist jede Menge.

Und der Anfang, um etwas von dem herunterzuholen, was da mit den Verstorbenen passiert ist, der Anfang ist, bewusst da hineinzugehen. Und bewusst da hineinzugehen heißt, sich bewusst zu machen, dass einzuschlafen bedeutet, dass ich mit meinem Geist und mit meiner Seele in die reale Welt, wo die Verstorbenen sind, gehe und ich mit ihnen spreche.

Wie kriege ich es hin, mindestens etwas von dem, was sie mir während der ganzen Nacht gesagt haben, zurück in dieses Bewusstsein zu bekommen? Dadurch, dass ich bewusst im Ringen mit den Fragen, die ich in die geistige Welt hineinbringen will, einschlafe.

Wenn ich die Fragen wirklich auch ganz konkret stelle und ich mit dieser Vorstellung des Einmaligen den Verstorbenen beim Einschlafen bei mir habe und ihn frage: Du, meine Beziehung ist zu Ende gekommen, wie mache ich das? Oder muss ich alles tun, um diese Beziehung zu retten? Oder will das Karma, will das Schicksal, dass ich einen neuen Anfang mache? Es ist ganz schwierig, es gibt schwierige Entscheidungen.

Und jetzt schläft man mit diesem Ringen ein. Aber nicht mit dem Ringen alleine, sondern mit dem Ringen um die Fragen dem Verstorbenen gegenüber. Hier ist der Verstorbene. Und er erlebt unmittelbar, was ich da hineinbringe.

Wenn ich wieder aufwache, sind die Chancen sehr groß, dass im Traum, in den Bildern, und vor allem in der Dynamik, in der Dramatik des Traumes ganz wesentlich die Antworten der Verstorbenen drinnen sind. Ein Traum ohne Mitwirkung der Verstorbenen ist nicht möglich. Das gibt es nicht. Das muss man wissen, denn sonst wären die Verstorbenen gar keine Wirklichkeit.

Denn was geisteswissenschaftlich gesehen der Traum ist, das will ich Ihnen jetzt noch wissenschaftlicher hinstellen, alles skizzenhaft natürlich. Also hier (Tafel): Physischer Leib und Ätherleib sind im Bett. Und jetzt kommen Ich und Astralleib herunter. Und hier ist der Astralleib und hier ist das Ich: «Ich» und «Astralleib». Ich gebrauche nur zwei Farben, sonst wird es zu kompliziert. Hier gebrauche ich eine schöne rote Farbe. Schauen Sie, bevor das Ich ganz hineinkommt in den physischen Leib, gibt es zunächst eine Begegnung zwischen Ätherleib und Astralleib hier.

Und in dieser Begegnung entstehen die Träume. Dann kommt das Ich ganz in den physischen Leib herunter. Und dann sind die Träume weg, weil die Sinneswahrnehmung stärker, kräftiger ist als die Traumbilder.

Wir träumen, wir entwerfen Traumbilder den ganzen Tag. Nur sind diese Traumbilder so blass wie die Sterne tagsüber. Meinen Sie, dass es die Sterne tagsüber nicht gibt? Sie sind genauso da wie in der Nacht. Warum sehen wir nichts davon? Weil die Sonne sie völlig «überschattet». Wir sehen tagsüber keine Traumbilder, die wir haben – denn wir haben sie die ganze Zeit –, weil die Sinneswahrnehmung so wuchtig ist, sodass sie die Traumbilder «überschattet».

Wir sehen sie nur, wo die Sinneswahrnehmung noch nicht da ist, weil das Ich auf dem Wege ist, in den physischen Leib hineinzukommen. Das geht ja blitzschnell, ein Traum dauert nur ein paar Sekunden, zum Beispiel träumt man einen ganzen Krieg, aber real gesehen sind es nur ein paar Sekunden. Das Gleiche geschieht auch beim Austreten übrigens. Es gibt einen Einschlaftraum und einen Aufwachtraum.

Also geisteswissenschaftlich genau sind die Traumbilder da, wo Ätherleib und Astralleib sich begegnen, bevor Ich und physischer Leib zusammenkommen. Und das Zusammenkommen von physischem Leib und Ich zeigt sich an der Sinneswahrnehmung. Das übertönt, das überstrahlt völlig die Wechselwirkung zwischen Astralleib und Ätherleib, wo die Traumbilder entworfen werden.

Also, in diesen Traumbildern sind immer die Verstorbenen am Werk. Vor allem natürlich, wenn ein Bewusstsein vorhanden ist von all diesen Dingen und beim Einschlafen der Tote, der Verstorbene, direkt angesprochen wird. Du, hilf mir! Ich weiß, dass, wenn ich genügend mit dir in Verbindung bin, genügend, wie soll ich sagen, mich karmisch verbunden weiß mit dir für das nächste Leben und so weiter, ich weiß, dass du umso kräftiger im Traum mir die Antworten gibst.

Und dann wacht man auf und man guckt, bevor man die Fensterläden auftut und so weiter: Was ist im Traum da? Und wenn man ein Bewusstsein hat, dass im Traum, in den Bildern des Traumes die Antworten des angesprochenen, gefragten Verstorbenen liegen, wird man lernen, immer besser die Träume zu deuten.

Denn es ist nicht so einfach, wie Sigmund Freud sich die Traumdeutung vorgestellt hat. Manche von Ihnen wissen, dass in der Deutung eines Traumes die Bilder das Allerunwichtigste sind. Die Bilder sind völlig willkürlich, denn das Wichtige eines Traumes ist die Dramatik, was habe ich da empfunden?

Wenn ein Freund Sie fragt: Du, was will mir dieser Traum sagen? Wenn Sie diesem Freund helfen wollen, ist die erste Frage, die Sie ihm stellen müssen: Was hast du beim Aufwachen, das heißt beim Aufhören des Traumes, empfunden? Hast du Angst empfunden? Das ist das Wesentliche des Traumes. Aber diese Angst, die du empfunden hast, kommt daher, dass du zum Beispiel Angst vor dieser Entscheidung hast.

Du meinst, dass diese Angst, die du anhand dieses Traumes empfunden hast, deshalb entstanden ist, weil im Traum jemand dich mit einer Pistole bedroht hat. Nein, die Tatsache, dass er dich mit der Pistole bedroht hat, ist die Wirkung der Angst, nicht die Ursache der Angst. Weil du Angst hast, hast du Bilder entworfen von jemandem, der dein Leben bedroht. Und dieselbe Angst könnte sich in einer völlig anderen Bilderreihe ausdrücken. Die Bilder sind in einem Traum völlig unmaßgebend. Die Gemütszustände sind das Entscheidende, sind das Wesentliche. Und das ist das Erste, was die Toten uns beibringen.

Der Verstorbene sagt: Pass auf, du darfst niemals die Bilder für wichtig nehmen, denn im Traum rede ich mit dir – aber im Traum rede ich mit dir so, dass ich dir durch Bilder evident machen möchte, was in deinem Gemüt vorhanden ist. Das ist wichtig, nicht die Bilder. Ich könnte ganz andere Bilder entwerfen. Und jetzt sagt er: Guck, du hast Angst vor dieser Entscheidung. Und nur das ist das Problem. Warum hast du Angst? Du hast Angst, denn wenn du dich so entscheidest, meinst du, diese Nachteile zu haben.

Und der Verstorbene sagt: Das sind keine Nachteile, das sind nur Schwierigkeiten, die dich noch stärker machen. Also wenn du diese

Angst überwindest, findest du den Mut, dich so zu entscheiden. Das heißt, es gehört zum Gespräch mit den Verstorbenen, diese Kunst zu üben, die Träume richtig zu deuten. Denn in den Träumen reden die Verstorbenen mit uns am allermeisten. Und das ist sehr schön. Das ist wirklich sehr schön.

Das erste Gesetz ist: Lass die Bilder weg! Sie sind unmaßgeblich. Jemand wacht auf, ist ganz entsetzt, weil er einen Traum gehabt hat, wo ständig Lebensgefahr war und redet von einem schlimmen Traum. Dabei will der Verstorbene, der Freund, der verstorben ist, oder die Mutter ihm nur sagen: Du bist zu ängstlich. Das ist nicht gut für dich. Warum bis du so ängstlich? Du hast keinen Grund, so ängstlich zu sein.

Das Leben ist in Ordnung, du wirst beschützt von deinem Schutzengel. Warum denkst du nicht, dass du einen Schutzengel hast, der dich schützt? Und der Verstorbene will mit diesen Bildern der Angst sagen: Du bist zu ängstlich! Du brauchst nur die Angst zu überwinden. Du hast keinen Grund, Angst zu haben.

Und was macht der Mensch, der aufwacht? Er hat noch mehr Angst, weil er die Bilder ernst nimmt. Und der Verstorbene ist sehr traurig. Er hat alles getan, um dem Betreffenden zu helfen, dass er die Angst überwindet, dass er keinen Grund hat, Angst zu haben, und er kriegt noch mehr Angst.

Vielleicht noch eine Perspektive, bevor wir Pause machen. Wie gesagt, es gibt keine Rezepte, wie man mit den Verstorbenen umgeht. Man muss mehr und mehr diese gemeinsame Sprache der Geisteswissenschaft lernen. Ein wesentlicher Unterschied zwischen diesem verdunkelten Bewusstsein, dem Verkörpertsein – im Körper drinnen zu stecken, heißt ein begrenztes, verdunkeltes Bewusstsein zu haben –, und dem Bewusstsein der Verstorbenen ist: Wir leben im Hier und Jetzt mit dem Körper. Die Verstorbenen leben überall.

Sie bekommen mehr und mehr einen Überblick, das heißt, die Verstorbenen bekommen mehr und mehr einen Überblick über die ganze

Entwicklung. Hier «Anfang», hier «Ende», wenn Sie so wollen, die «Entwicklung» (Tafel). Das heißt, die Verstorbenen sprechen die Sprache, in der die Gesetze der Entwicklung zur Sprache gebracht werden. Und die Geisteswissenschaft ist dazu da, um die ganze Begrifflichkeit, die Gesetzmäßigkeiten der Entwicklung immer mehr zur Sprache zu bringen. Jetzt nehmen wir ein Leben: hier «Geburt» und «Tod» (Tafel).

Der Verstorbene überblickt mehr und mehr, wie die Entwicklung im Paradies angefangen hat. Meinetwegen machen wir die Entwicklung so, also die Entwicklung hat ja einen Wendepunkt: Sündenfall und Erlösung, wenn Sie so wollen, immer tiefer herunter in die Materie, hier die Welt der Materie. Und dann immer mehr die Auferstehung ins Geistige hinein.

Der Verstorbene wie auch der Geisteswissenschaftler – denn Sterben und Einweihung erleben ist dasselbe; zu sterben heißt, in die geistige Welt zu gehen; eingeweiht zu werden heißt, in die geistige Welt zu gehen, die Realität des Geistes zu erleben –, sie haben jetzt mehr und mehr einen Überblick über die Gesetze der Entwicklung, den Sinn der Entwicklung. Und mit den Verstorbenen zu sprechen heißt, sich zu verständigen, sich immer wissenschaftlicher über die Gesetze der Entwicklung zu verständigen.

Ein ganz Entscheidendes in dieser Entwicklung ist, dass in der Mitte der Entwicklung eine Wende geschehen ist. Also bis dahin war es so, dann kehrt es sich um, und der Verstorbene sieht, versteht jetzt: Bis zur Mitte der Entwicklung gab es eine Hilfe von der Seite der Geburt, eine göttliche Hilfe. Und nach der Mitte der Entwicklung – wir sind ja 2010, zwei Schritte nach der Mitte der Entwicklung – ist diese Hilfe von vor der Geburt verschwunden. Wir haben die Präexistenz verloren, wir wissen nichts mehr, weil der Mensch jetzt nach dem Tod freiheitlich etwas selbst erzeugen muss.

Was war vor der Geburt als Hilfe, was dann in der Mitte der Entwicklung verschwunden ist? Der Verstorbene sieht: Ah, wie wunderbar, ungefähr bis zu dem Zeitpunkt, wo der Sonnengeist den kosmischen

Beschluss gefasst hat, aus der Erde seinen Körper zu machen, Mensch zu werden, um die ganze zweite Hälfte der Entwicklung einzuleiten, brachten die Menschen Erinnerungen in die Geburt hinein von dem, was sie in der geistigen Welt vor der Geburt erlebt hatten. Und das ist im Laufe der Zeit verschwunden.

Nach dem Mysterium von Golgota, nach der Verkörperung des Sonnengeistes, zu leben, heißt: Diese Türe zu dem, was es vor der Geburt gab, hat sich geschlossen. Ein Mensch, der als Kind mit fünf Jahren noch Bilder gehabt hat – Märchen kommen daher, wie er mit dem Schutzengel noch vor seiner Geburt zusammen war –, hat kein Problem zu wissen, dass er noch vor der Geburt als geistiges Wesen in der geistigen Welt war.

Solange die Menschen noch ganz genau in Erinnerung hatten, dass sie als geistiges Wesen sich verkörpern, wussten sie: Ich bin ein geistiges Wesen. Ich habe einen Körper, aber ich bin ein geistiges Wesen. Und wenn ich sterbe – den Tod gab es gar nicht, es gab das Ablegen des physischen Körpers –, weiß ich, dass, genauso wie ich den physischen Körper bei der Geburt angezogen habe, genauso lege ich beim Sterben die Klamotten ab.

Eine tolle Sache ist das, weil die Klamotten manche Vorteile haben, aber auch Nachteile. Auf jeden Fall war es selbstverständlich, das heißt, das Selbsterlebnis, die Selbsterkenntnis des Menschen war so, dass der Mensch durch unmittelbare Erfahrung wusste: Ich bin ein geistiges Wesen.

Jetzt nehmen wir an, Sie sagen: Wovon schwafelst du denn? Nur weil der Rudolf Steiner das sagt? Wieso denn? Gibt es hier noch Menschen, die gehört haben, dass es Evangelien gegeben hat? Oder haben wir das auch vergessen? Und gibt es nicht in den Evangelien das Engelchen, das Gedanken gibt? Vor 2 000 Jahren! Nicht vor 10 000 Jahren. Vor 2 000 Jahren war es noch ganz normal.

Es gab Mütter – das war mehr die Regel als die Ausnahme –, die dieses Wesen, dieses geistige Wesen, dieses Menschenwesen, das sich bei ihnen inkarniert, im Traum erlebt haben. Und sie wussten von seiner Grundeigenschaft, von seiner Grundbegabung. Und der Name wurde nicht willkürlich gegeben. Der Zacharias, der ja stumm geworden ist, schreibt – wie soll das Kind heißen? – nicht auf die Tafel: Er soll heißen Johannes, er schreibt: «Sein Name ist Johannes.» (Lukas 1,63). Der Name war immer eine Wiedergabe des Wesens.

Woher wissen Vater und Mutter von der zentralen Eigenschaft dieses Menschenwesens, das sich inkarniert? Doch durch übersinnliche Wahrnehmung. Also wir haben dies in den Evangelien, nicht nur von Rudolf Steiner, ganz genau dokumentiert. Oder bei Matthäus sind alle Ankündigungen der Engel beim Mann, bei Josef, bei Lukas sind alle Ankündigungen des Engels bei der Frau, bei der Mutter. Also wir haben diese Tatsache dokumentiert, nicht nur bei Rudolf Steiner.

Nehmen Sie auch die anderen heiligen Schriften, zum Beispiel im Buddhismus oder das Gilgameschepos, was Sie wollen: die Menschen wussten bis zur Wende – und darin besteht auch die Wende, dass all dieses Vorgeburtliche, was noch erlebt wurde durch Erinnerung, verschwunden ist –, ich bin nicht nur ein Kind, ich bin ein ewiger Geist, nur der Körper ist Kind, kindlich oder klein, aber ich bin ein ewiger Geist.

Dieses Ganze, diese Erinnerungen an das Vorgeburtliche, diese Präexistenz, die real erlebt wurde, ist verschwunden. Und der Sinn davon ist, dass der Mensch eine Wende dadurch vollzieht, dass er sich jetzt (durch die Erkenntnis des Lebens) nach dem Tod etwas erringt, was vom Menschen errungen ist. Denn diese Erinnerungen waren gottgegeben. Sie waren nicht vom Menschen freiheitlich errungen. Also, diese Erinnerungen – ich schreibe hier das Wort «Erinnerungen» – waren ein Weisheitswort, göttliche Weisheit, wie der Mensch in der geistigen Welt lebt.

Jetzt, dieses Apokalyptische auf die Zukunft hin ist ein Willensmäßiges. Hier ist der «Wille». Das heißt, der Mensch ist berufen, die Mysterien des Nachtodlichen sich selbst zu erringen. Und die Mysterien des Nachtodlichen sind Willensmysterien, weil im Nachtodlichen der

Mensch die Bilanz aus seiner Entwicklung im Hinblick darauf zieht, die nächsten Schritte der Entwicklung zu entwerfen. Also hier ein Weisheitsvolles, ein Rückblicken, und hier ein Vorausblicken, wo der Mensch immer ichhafter durch seine willensmäßige freiheitliche Entwicklung wird. Und der Verstorbene bekommt gerade durch diese Gesetzmäßigkeiten der Entwicklung immer mehr einen Überblick, auch je nach Stufe seines Denkens natürlich. Sonst hat er nur ein Gefühl, ein vages Gefühl, dass es so ist.

Das ist nur ein winziger Aspekt der Geisteswissenschaft. Dadurch, dass wir Geisteswissenschaft studieren – sie muss ja studiert werden, diese Dinge müssen ja gelernt werden –, haben wir Schlüssel, die ganz gewaltigen Schlüssel, um die Sprache der Verstorbenen zu verstehen. Denn das sind gewaltige Orientierungen.

Und der Verstorbene will uns sagen: Du, das ist ganz in Ordnung, dass die Präexistenz, alles, was vor der Geburt da ist, verschwunden ist. Denn der Sinn davon ist, dass du dich mehr und mehr mit den Toten beschäftigst, mit dem, was nach dem Tod passiert.

Wie erwirbt man sich eine wissenschaftliche Erkenntnis dessen, was der Mensch nach dem Tod durchmacht? Durch den Umgang mit den Verstorbenen. Denn die Verstorbenen sind die Fachleute des Lebens nach dem Tod. Verzeihen Sie, sonst wären sie nicht verstorben. Und mal helfen sie uns zu verstehen, was man nach dem Tod durchmacht, mal helfen wir ihnen, aber durch Geisteswissenschaft.

Denn wir können ihnen sagen: Du, du ringst damit, weil du während des Lebens nur geschimpft hast gegen diese Geisteswissenschaft, aber ich helfe dir. Was du jetzt durchmachst, ist das und das und das, und so weiter. Es gibt hier Schritte, es gibt hier Stadien, Stufen dieser Entwicklung nach dem Tod, und so weiter.

Vor der Wende der Entwicklung, vor der Verkörperung des Sonnengeistes, war dieses Erinnerungsmäßige mehr ein allgemein Menschliches. Und was ist nach der Wende dieses Ringen mit dem Nachtodlichen? Das ist das Ringen mit dem individuellen Karma. Die Verstorbenen ringen um die Erkenntnis des individuellen Karmas. Wer bin ich in der Welt? Was habe ich im letzten Leben getan? Was habe ich versäumt? Was wäre meine Aufgabe gewesen und wie geht es weiter in meinem Leben?

Manche von uns wissen ja, wie vielfältig die Beiträge sind, die die Geisteswissenschaft gibt. Vielleicht können wir das heute Nachmittag etwas ausführlicher zusammen üben. Denn was wir hier machen, sind nur kleine Übungen als Anregung. Nehmen wir dieses Beispiel: Wir reden von den Mysterien des Karmas.

Rudolf Steiner schildert diese, und wir lesen das, wir nehmen das wahr, und dann geht es darum, mit dem Denken damit umzugehen. Also ein Leben, ich nenne das Leben 1, hier Leben 2 und hier Leben 3 (s. Zeichnung nächste Seite). Das sind drei Leben. Er schildert, wie drei Lebensläufe miteinander in Verbindung stehen. Und es gibt ein Grundgesetz, viele von Ihnen kennen das, davon gehe ich aus, aber wenn nicht, dann spielt das keine Rolle.

Also wir sind im Leben 1, fangen wir hier an: Ein Mensch hat so viel Liebe von sich gegeben: viel Liebe, weniger Liebe, wie auch immer. Jetzt stirbt er. Bevor das zweite Leben kommt, verweilt er in der geistigen Welt: Hier ist der Verstorbene. Nehmen wir an, er hat viel geliebt, wie zum Beispiel ein Franz von Assisi, eine ungeheure Ausstrahlung der Liebe, Wärme nach außen, immer mit dem Gedanken, wie kann ich dem helfen, was kann ich für den tun.

Auf den Verstorbenen kommt alles restlos zurück. Was kommt zurück? Alle geliebten Wesen bringen die Dankbarkeit entgegen, die als Freude zurückkommt. Freude ist immer die Wirkung erwiesener Liebe. Das ist für den Verstorbenen Grundsatz. Sonst versteht er nur Bahnhof in der Welt, in der er lebt.

Und im nächsten Leben, Leben 2 – Freude. Also die Freude kommt von außen durch die Dankbarkeit. Und hier erlebt er Freude. Das heißt, jeder Mensch kann in einem Leben nur so viel Freude erleben, wie er im vorigen Leben Liebe von sich gegeben hat. Wenn ein Verstorbener diese Struktur der Entwicklung immer besser versteht, was sagt er uns? Was nimmt er sich für das nächste Leben vor? Er sagt uns: Liebe, so viel du kannst. Nur das ist gescheit. So viel du nur kannst! Das ist die beste Art der Selbstliebe. Denn es kommt alles als Freude zurück.

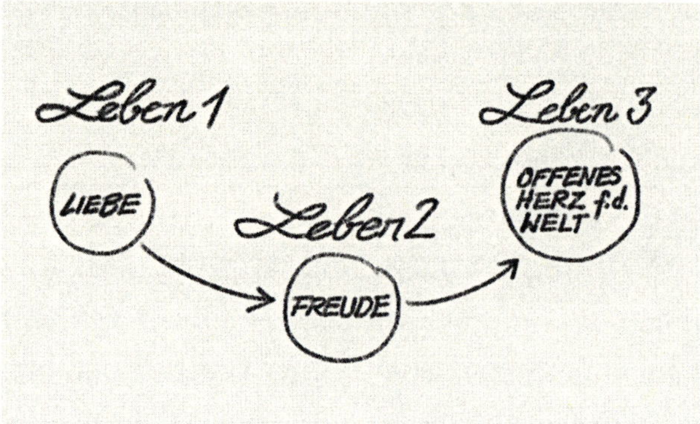

Und in der dritten Metamorphose: ein offenes Herz für die Welt, ein Organ, einen Überblick zu haben über das Weltgeschehen, auch über das, was Barack Obama (2009-2017 amerikanischer Präsident) jetzt dadurch macht, dass wiederum Angst erzeugt wird. Also ein Mensch bekommt diese Offenheit, diesen Weltblick, diesen Überblick in dem Maße, wie er im Leben davor Freude erlebt hat, als Wirkung erwiesener Liebe. Also die Liebe in der dritten Metamorphose ist Weltoffenheit, Weltverständnis.

Weltverständnis ist eine ganz schöne Sache. Denn ein großes Problem des Sozialen, liebe Freunde, ist, dass wir einen Haufen Menschen haben, die ganz stumpf sind, die wirklich keinen Überblick haben. Meinen Sie, dass diese Fachleute wirklich Leute mit Überblick sind? Schauen Sie die Fachleute in der Wirtschaft, jetzt durch die Wirtschaftskrise, was waren das für Fachleute?

Die Verstorbenen sagen uns: Du, langsam, langsam, du kannst nicht direkt einen Überblick, ein offenes Herz für die Welt haben. Das geht nicht. Man kann nur indirekt ein offenes Herz für die Welt erzeugen, zweimal indirekt durch die Liebe und durch die Freude. Du wirst nur ungeduldig, wenn du meinst, durch Studieren, durch Lesen von einem Haufen Bücher einen Überblick zu bekommen. Nein, es gibt nur den Überblick der Liebe und der Freude. Dann wird es zum Erdüberblick.

Nehmen wir an, das stimmt, denn manche von Ihnen werden sagen: Ja, und wenn das nicht stimmt? Nehmen wir an, das stimmt, dann ist es Gold wert, das zu wissen. Denn sonst kann man einen Haufen Kräfte verpuffen ohne Resultat. Und der Verstorbene kann sich sagen: Warum warst du da stumpf, da unverständig, und da hast du vom Weltgeschehen nichts oder nicht genügend etwas verstanden?

Und jetzt geht er zurück: Ah, ich habe zu viel Leid, zu wenig Freude erlebt. Und zu wenig Freude habe ich erlebt, weil ich noch weiter zurück zu wenig Liebe von mir gegeben habe. Also, der erste Anfang ist die Liebe. Ist es weisheitsvoll, dass der erste Anfang die Liebe ist? Ist es vernünftig? Was schätzen Sie?

Wenn der Anfang der Verstand wäre, wären wir nicht gut aufgehoben. Denn ein Mensch kann nicht erzwungenermaßen das verstehen, was er nicht versteht. Lieben kann jeder sofort! Das ist das Schöne. Er braucht es nur zu wollen. Darum ist das der Anfang. Das sind die Dinge, die der Verstorbene strukturell mehr und mehr versteht. Sagen Sie nicht, diese Dinge sind unpraktisch. Sie sind total praktisch! Denn was ist praktischer als etwas, womit ich sofort anfangen kann? Das ist praktisch.

Die Wirtschaftskrise sofort lösen zu wollen, das ist nicht praktisch, weil das nicht geht. Aber die Frage zu stellen: Was kann ich für den und den und den, der mit mir ist, jetzt tun?, das kann jeder. Und jetzt wache ich auf, ein Traum, ich lasse die Bilder weg, ich gucke auf meinen Gemütszustand, ob Freude und Dankbarkeit oder Angst oder Wut im Traum war. Und wenn ich die Stimme der Verstorbenen in diesem Traum «sehe», dann sagt mir der Verstorbene, du brauchst keine Angst zu haben, die Liebe steht dir immer zur Verfügung.

Das heißt, jeder Traum versucht zu sagen, wo es an Liebe mangelt und wo Liebe möglich wäre. Jeder Traum! Und wenn ich versuche, den Traum so zu deuten, dass der Traum, die Stimme der Verstorbenen mir sagt, wo Liebe möglich wäre und nötig wäre in meinem Alltag, dann habe ich die richtige Deutung des Traumes. Der Traum sagt mir, der Verstorbene sagt mir, wie ich heute, angefangen mit dem Aufwachen, die ganze Menschheit, die ganze Welt, meine Umgebung, die Menschen, mit denen ich lebe, immer besser, immer tiefer lieben kann. Das ist doch die glaubwürdigste Botschaft.

Ein guter Redner kann seine Zuhörer am besten dadurch lieben, dass er auch seine Klappe zumacht. Wir machen eine Pause, und dann kommen Sie zu Wort.

Fragenbeantwortung

P. Archiati: In der Aussprache ist alles erlaubt, außer – Schlägereien.

Teiln.: Ich möchte nur eine Frage stellen.

P. Archiati: Sie meinen nur eine Frage statt 25?

Teiln.: Meine Frage ist, ob es auch noch andere Möglichkeiten gibt, den Kontakt mit einem lieben Verstorbenen aufzunehmen, auch wenn man sich nicht an solche ganz charakteristischen Dinge mehr erinnern kann?

Teiln.: Ergänzen Sie diese Frage: Und wenn man sich gar nicht erinnern kann, weil die Menschen schon so lange tot sind.

P. Archiati: Wenn der Betreffende schon so lange tot ist, dass man so ein Bild nicht mehr haben kann, hat sie hinzugefügt. Im Grunde genommen weiß jeder die Antwort auf diese wichtige Frage. Es geht nur darum, uns das zu Bewusstsein zu bringen.

Und zwar, wenn wir fragen, auf welche Art und Weise ein ganz kräftiger, intensiver Kontakt hergestellt wird, dann ist damit auch gesagt, dass die Intensität eines Kontaktes Grade hat. Je schärfer dieses Bild, desto intensiver der Kontakt; je blasser das Bild, desto blasser der Kontakt.

Jetzt nehmen wir zwei Menschen. Kann man stärker oder weniger stark in Kontakt miteinander sein? Natürlich, das gibt es. Also ich will sagen, das ist nicht eine Sache des Entweder-oder. Ich gebrauche ein Bild: Wir haben jetzt diesen Raum hier. Nehmen wir an, wir entzünden ein starkes Licht, dann sehen wir ganz deutlich. Nehmen wir an, wir hätten ein dämmriges Licht, dann sehen wir weniger deutlich.

Zwei Menschen sind Freunde, Busenfreunde, es ist eine intensive, starke Beziehung. Dann wird sie weniger intensiv nach zwei, drei Jahren. Man kann nicht entweder Ja oder Nein sagen. Alles hat Grade. Ist er schon längst gestorben und die Erinnerungen sind verblasst, dann sieht der Verstorbene ein ganz dämmriges Licht. Das gibt's. Sie hatten gefragt: Gibt es eine Alternative? Sagen Sie!

Teiln.: Visuell, weil ich es visuell verstehe, wenn man sich so erinnert, ein Bild hat.

P. Archiati: Also die Klippe, die Sie ansprechen, ist, dass man denken möchte, das ist doch materialistisch. Und das ist eine echte Klippe, eine reale Klippe, die das Denken umschiffen muss. Denn wir meinen, Moment mal, wenn ich jetzt dieses Bild habe, wie er die Nase geputzt hat, das ist doch materialistisch. Und er ist jetzt rein geistig.

Nur, der Verstorbene ist kein Engel! Er war verkörpert. Und diese Bilder seines Lebens, die einmalig sind, bringen die Erinnerung an sein Leben: «Das bin ich», wie eine Erinnerung. Jetzt überlegen wir uns: Was ist ein Erinnerungsbild? Das ist etwas ganz Geheimnisvolles, ein Erinnerungsbild.

Vor zwanzig Jahren war ich dabei, in den Zug einzusteigen. Ich bin gestolpert und ich habe mir zwei Zähne kaputt gemacht. Nach zwanzig Jahren sehe ich noch dieses Bild. Ich habe ein Erinnerungsbild. Was ist das? Das habe ich durchlebt, das war eine Realität, die Zähne waren eine Realität. Das heißt, in diesem Bild, wie er sich die Nase putzt – jetzt gucken Sie, was dabei herauskommt –, ist die ganze Art und Weise enthalten, wie er seinen Körper geprägt hatte.

Das Bild seines ganzen Körpers genügt nicht, denn er sieht nur die Züge, die er gemeinsam mit allen Menschen hat. Das Erinnerungsbild seines Körpers kann nur dadurch in seiner Erinnerung auftauchen, dass diese Art und Weise, sich die Nase zu putzen, einmalig ist. Und dadurch hat er das Erinnerungsbild der Art und Weise, wie er für ein ganzes Leben seinen Körper geprägt hat: «Das bin ich.»

Und in diesem «bin ich» ist nicht nur die Art und Weise, sondern sind die ganzen Gliedmaßen-Bewegungen enthalten. Denn wenn ein Mensch sich die Nase putzt, es ist ganz unmöglich – denn überlegen wir uns, wie der ganze Körper in der Dynamik geprägt wird, das ist immer einzigartig –, es ist ganz unmöglich, dass zwei Menschen ganz genau die gleichen Bewegungen machen. Schon alleine, dass der eine den Arm bis hier hebt und der andere bis hier. Das sind ungeheure Unterschiede.

Nur, um das ganze einmalige Bild seines Körpers, seiner Verkörperung, seines Lebens und so weiter aufzurufen, genügt es nicht, dass ein

Körper da ist oder Bewegungen da sind. Es muss diese Konstellation dazukommen: Ich muss jetzt gescheit reden, ich muss aufpassen, das Taschentuch, und jetzt ist er da: «Das bin ich.» Aber in diesem «das bin ich» ist das ganze Mysterium der einmaligen Verkörperung enthalten. Sein Körper ist jetzt da. Vorher war der Menschenkörper da. Jetzt ist durch die ganze Dynamik sein Körper da: «Das bin ich.»

Also das, was Sie zunächst nur als Bild hingestellt haben, dieses Erinnerungsbild, bringt die ganze Verkörperung zum Bewusstsein. Und das hat für den Verstorbenen ein ungeheures moralisches Gewicht: «So war ich.» Ich habe mich immer wieder vom Bürgertum unter Druck setzen lassen, weil wenn man redet, muss man so gescheit reden und so weiter – was auch immer er dabei erlebt hat. Denn man muss etwas erleben, wenn man jedes Mal sein Taschentuch herausnimmt. So ist es gemeint. Also, wir würden dem Verstorbenen unrecht tun, wenn wir das nur als Bild nehmen würden. Nein, in diesem Bild ist sein Wesen enthalten, sein Ich.

Denn nehmen wir an, wir haben an der Wand das Bild des Großvaters und der Großmutter. Ist das nur ein Bild? Je nachdem, wer das anguckt. Der eine sieht nur ein Bild, der andere sieht das ganz Einzigartige. Das heißt, der Verstorbene deutet dieses Bild, das in dem Zurückgebliebenen entsteht und sieht in diesem Bild das ganze Gewicht seiner Individualität inkarniert im ganzen Leben, das er hinter sich hat: «Das bin ich.»

Teiln.: Bedeutet es dann, wenn ich nur in Kontakt treten kann mit Verstorbenen, wenn ich ein reales Erinnerungsbild habe, dass ich nur mit denjenigen Verstorbenen in Kontakt treten kann, die ich zu Lebzeiten erlebt habe? Also zum Beispiel mit einem Großvater, der vor meiner Geburt gestorben ist, mit dem kann ich dann nicht in Verbindung treten? Oder geht das auch? Und wenn ja, wie?

P. Archiati: Das haben Sie doch selbst gesagt. Der Kontakt wird weniger intensiv sein. Warum? Weil das Karma weniger intensiv war. Das leuchtet ein. Aber ich kann die Mutter fragen: Du, wie war er? Und sie kann mir Bilder zeigen. Guck, dieses Foto von ihm ist nicht so typisch, aber dieses Foto hier, guck liebes Kind, das ist ganz typisch für ihn. Da sitzt er und liest Zeitung. Kein Mensch hat die Zeitung in der Hand gehabt wie er. Aber es ist ganz entscheidend, dass der Verstorbene sagen kann: «Das bin ich.» Aber das Bild beim Enkelkind, das den Großvater oder die Großmutter niemals erlebt hat, wird niemals so scharf sein können wie bei einem Menschen, der ihn erlebt hat. Das leuchtet ein.

Ein Novalis, das kennen Sie, das ist ja in der Geistesgeschichte Mitteleuropas ein sehr interessantes Phänomen. Die Sophie von Kühn (1782-1797) ist mit vierzehn, fünfzehn Jahren gestorben und er ist ihr richtig nachgestorben. Er ist mit 29 Jahren gestorben, der Novalis. Aber seitdem dieses Mädchen in die geistige Welt gegangen ist, war sie für ihn viel realer als die ganze physische Welt. Und das kann man verfolgen, wie er mit ihr umgegangen ist. Das ist ganz wunderbar.

Teiln.: Sie hatten vorhin gesagt, wenn ich aus einem Traum zurückkomme und fühle Angst, dann kann das so interpretiert werden, dass ich also den Anstoß bekommen soll, die Angst zu überwinden. Wie ist das denn, wenn ich Freude empfinde oder wenn ich einen Traum gehabt habe und wache auf und habe das Gefühl, das möchte ich noch mal träumen, das war schön. Kann ich das dann auch so interpretieren, weil das macht für mich zunächst keinen Sinn, den Hinweis zu kriegen, du sollst diese Freude überwinden, du sollst darüber hinweg. Deswegen.

P. Archiati: Also, nehmen wir das als eine Polarität, es ist wie eine Polarität: Angst, etwas Negatives, und Freude ist nicht etwas Negatives. Also, wir dürfen nicht dasselbe sagen über etwas, was entgegengesetzt zueinander ist. Der Sinn der Angst ist immer, dass die Angst überwunden wird. Das ist doch selbstverständlich. Denn wenn ich die Angst noch stärker mache, mache ich mich immer schwächer. Also, was auch immer an Widerstand kommt, der Sinn ist, dass durch die Überwindung der Angst ich immer stärker werde.

Aber die Freude ist eine Gnade. Nehmen wir den Schutzengel. Der Schutzengel muss sich so wie eine liebevolle Mutter verhalten. Eine

Mutter, die das Kind liebt, weiß: Ich muss immer das richtige Gleichgewicht halten. Wenn ich nur die sanfte Hand gebrauche, wird das nicht gut für das Kind sein. Wenn ich nur streng bin, ist es auch nicht gut. Also man muss wissen, wann die strenge Maßnahme und wann die sanfte Maßnahme notwendig ist.

Und wenn wir Hilfe brauchen, schickt der Schutzengel uns eine Freude. Also eine Freude ist eine Gnade. Die richtige Haltung der Freude gegenüber ist die Dankbarkeit. Und dann ist die Welt ganz in Ordnung. Und die richtige Haltung der Angst gegenüber ist: Ich will meine Kräfte zusammentun, um diese Angst zu überwinden. Dann werde ich noch stärker.

Denn die Freude ist doch nicht da, um überwunden zu werden. Sie ist dazu da, dass man dankbar ist. Jetzt nehmen wir Freude und Schmerz, oder Freude und Leid (Tafel). Die Freuden sind die Verschnaufpausen des Lebens. Die gehören dazu. Sie sind notwendig, denn wir können nicht immer nur Leid oder Widerstände erleben. So wie ein Sportler nicht immer die ganze Zeit unter totalem Druck sein kann.

Also, die Weisheit des Lebens ist das richtige Gleichgewicht zwischen diesen Verschnaufpausen, die uns als Gnade gegeben werden, und den Widerständen. Die Freuden des Lebens haben wir nicht verdient. Sie werden uns als Gnade gegeben, um uns für die nächste Hürde vorzubereiten.

Aber das Leid, das haben wir verdient, um weiterzukommen. Das ist im Karma begründet. Die Freude ist immer in der Gnade begründet. Und Rudolf Steiner schildert, wenn ein Mensch die Freude als von ihm verdient im Karma erlebt, vergiftet er die Freude, weil man der Freude gegenüber nur dankbar sein kann.

Teiln.: Wenn ich das (dankbar) sein kann, dann brauche ich das Leid gar nicht mehr. Wieso brauche ich das Leid, wenn ich mit der Freude auch weiterkomme, dann brauche ich das Leid doch nicht mehr, oder?

P. Archiati: Kann ein Mensch immer und nur in der Freude sein?

Teiln.: Schön wär's!

P. Archiati: Nein, das gibt es nicht, warum? Das haben wir vorhin gemacht. Jetzt haben Sie das gleich vergessen. Hier (Tafel) war die Liebe und es gibt nur so viel Freude, wie Liebe erwiesen worden ist. Jetzt werden Sie sagen: Aha, dann ist die Freude doch verdient! Wenn ein Mensch die Freude als verdient betrachtet, blickt er zurück. Statt die Freude als Voraussetzung zu sehen, um die Welt immer besser zu verstehen. Und das ist die Aufgabe.

Die Freude hilft uns, immer weltoffener zu werden. Also nicht, um sich auf das Ruhekissen zu setzen und die Freude zu genießen, sondern die Freude als Voraussetzung für den nächsten Schritt. Also die Dynamik der Entwicklung besteht darin, dass man immer guckt: Das ist die Voraussetzung für das Nächste. Und das ist wiederum die Voraussetzung für das Nächste. Die Angst ist die Voraussetzung zur Überwindung der Angst. Das heißt, die Frage ist immer: Was ist der nächste Schritt? Und jetzt sagen Sie: Wäre es nicht besser, in der Freude zu leben, die Freude zu genießen?

Teiln.: Nicht zu genießen, freilich genießen auch, aber ich kann doch auch freudig weitergehen.

P. Archiati: Und wie gehen Sie weiter mit der Freude? Ganz konkret, sagen Sie das konkret. Da wird es wiederum kompliziert. Es geht zum Nächsten oder wollen Sie es versuchen? Denn Sie haben so getan, als ob ich mit der Freude weitergehen kann. Aber wie?

Teiln.: Ich dachte, die Freude, wenn ich die ausstrahle, wenn die da ist, dann hilft die vielleicht auch jemand anderem in seinem Leid weiter, vielleicht. Vielleicht sieht er: Aha! Vielleicht kann ich ihm in seinem Leid durch meine Freude oder meine Ausstrahlung weiterhelfen. Ich kann aber ihn im selben Leide auch runterziehen, oder?

P. Archiati: Genau. Und jetzt kommt ein Schlag.

Teiln.: Bei mir?

P. Archiati: Ja.

Teiln.: Wenn Sie das sagen.

P. Archiati: Schläge kommen, sonst wäre das der Stillstand. Und dann muss man sich dem stellen.

Teiln.: Ich habe noch mal eine Frage, und zwar, wenn man in den Schlaf geht und kann eine Frage an einen Verstorbenen stellen und bekommt dann morgens eventuell eine Antwort. Manchmal gibt es im Leben Menschen, wo man nicht vorwärts kommt, wo man irgendetwas möchte, [unv.] aber einfach nicht kann. Kann man das auch als Frage mit in die Nacht hineinnehmen und die Antwort kommt?

P. Archiati: Sie meinen für den anderen?

Teiln.: [unv.]

P. Archiati: Wenn man den Eindruck hat, ich bin an einem Stillstand, kann man doch am allermeisten die Verstorbenen fragen, wie ich aus diesem Stillstand herauskomme!

Teiln.: Ich meine, wenn man mit einem Menschen, mit dem man im Leben ist, etwas auseinandersetzen möchte oder so, und kann es aus irgendeinem Grund nicht, es geht einfach nicht, weil man vielleicht gar nicht verstanden wird. Das gibt es doch oft. Kann man auch mit dieser Frage in die Nacht gehen? Und dieser Mensch kann dann auch am Morgen eine Antwort bekommen? Der lebende (Mensch), meine ich jetzt.

P. Archiati: Ich verstehe. Nur indirekt über die Engel und über die Verstorbenen. Denn wenn Sie direkt einen Einfluss auf den anderen ausüben könnten, wäre das eine totale Verletzung der Freiheit. Also der Vorgang ist folgender. Das ist jetzt eine Andeutung.

Also, Sie sagen, hier gibt es zwei Menschen, und da gibt es Funken dazwischen, Stillstand oder beides. Die haben Probleme miteinander. Und Mensch A sagt: Was mache ich? Und jetzt schläft er. Hier (Tafel) ist die geistige Welt, er schläft ein und im Schlaf redet er mit seinem Schutzengel oder einem Verstorbenen. Und er kann sagen: Bitte, lieber Verstorbener, liebe Großmutter oder liebe Mutter, sag mir, wie gehe ich mit dem um? Was mache ich mit dem oder mit der?

Und er kann mit der Frage einschlafen. Nehmen wir an, die Mutter ist verstorben. Er kann sagen: Du, der oder die hat auch eine Mutter, die verstorben ist, rede mit ihr und bitte sie, dass er auch eine Botschaft bekommt. Das Gefährliche in dem Moment ist – es ist wie das katholische oder protestantische Gebet –: Man bittet um etwas, man wird inhaltlich, ohne zu wissen, was für den Betreffenden gut ist. Das ist das Problem des Gebetes.

Denn nehmen wir an, die Großmutter macht die erste Reise ihres Lebens im Auto. Hier (Tafel) sind verschiedene Autos, hier in diese Richtung, wir fahren ja rechts, also gut. Und dieses Auto in diese Richtung. Hier ist die Großmutter, in diesem Auto hier. Und die Kinder und Enkel haben gebetet, möge der Mutter nichts passieren. Wie Engelchen haben sie gebetet. Nur, jetzt kommt ein Auto und macht hier einen Schlenker. Unfall! Aber sie haben dafür gebetet, dass kein Unfall passiert.

Diese zwei Menschen, die Großmutter, Mensch A, und dieser Mensch in diesem Auto, Mensch B, haben noch vor ihrer Geburt beschlossen, an dem Tag durch einen Unfall eine karmische Verbindung herzustellen. Das ist kein Zufall. Also ich kann nicht wissen, was für einen anderen gut ist.

Ich kann nur für mich beten und sagen: Hilf mir, gib mir einen Rat, wie ich mich am besten verhalte. Muss ich sagen: Aber rede mit seiner Mutter, dass sie ihm auch einen Rat gibt? Das machen die Verstorbenen immer. Also die Frage ist nicht: Gib mir einen Rat. Der Rat ist immer da. Das ist ganz ernst, ganz wichtig.

Die Bitte ist, möge ich den Rat, den du mir immer gibst, verstehen. Möge ich mich dem öffnen. Möge ich das, was im Traum vorkommt, möge ich das richtig deuten. Das ist die Bitte. Das heißt, es ist nicht so, dass die Verstorbenen uns nur Rat geben, wenn wir darum bitten. Sie machen das immer. Also die Bitte ist, möge ich diesen richtig deuten!

Diese Katholiken oder Protestanten, die gebetet haben, die Mutter möge keinen Unfall haben, werden anders bitten, wenn sie zu Geisteswissenschaftlern werden: Möge die Großmutter, was auch immer ihr passiert, die Positivität des Karmas darin sehen und das ins Positive wenden.

Nun überlegen wir uns, ob katholisch oder protestantisch, alle haben gebetet, dass der Großmutter nichts passiert. Aber es ist ein Unfall passiert! Muss man jetzt dem lieben Gott vorwerfen, dass er ein Schlawiner ist? Das heißt, die Geisteswissenschaft fügt eine objektive Erkenntnis des Karmas hinzu, dass, wenn ihr ein Unfall passiert, dann haben diese zwei ganz stark miteinander zu tun.

Und das ist in Ordnung, das ist die Wirklichkeit! Und es geht darum, das Beste daraus zu machen. Und aus einem Unfall das Beste zu machen, ist viel besser, als aus keinem Unfall das Beste zu machen. Denn das kann jeder. Das leuchtet ein, oder?

Das heißt, das traditionelle Gebet war so, dass die Menschheit noch eine ganze Stufe kindhafter war, ohne zu wissen, was für den Betreffenden oder für mich gut ist. Man bildet sich ein, das zu wissen oder man denkt, wenn alles leicht läuft, dann ist das gut. Und das stimmt nicht. Wenn alles leicht läuft, ist es gut, wenn alles schief läuft, ist es besser.

Teiln.: Das traditionelle Gebet könnte man als eine Projektion (ansehen). Ich projiziere meine Wünsche auf den anderen.

P. Archiati: Und was ist der Inhalt meiner Wünsche?

Teiln.: Ja, dass es ihm gut geht oder dass [unv.]

Teiln.: Das ist vor allem egoistisch auch.

Teiln.: Ja, ja, genau.

Teiln.: Das ist ja auch in Zeiten von Kriegen so. Die einen bitten, dass die Feinde umkommen und die Feinde bitten das ebenfalls.

P. Archiati: Ja, klar. Das heißt – aber das darf jetzt nicht als Kritik genommen werden, es ist ja viel zu ernst –, dass das meiste des traditionellen Gebetes Wunschdenken war. Wunschdenken ist ja menschlich, aber man kann nicht das Leben auf Wunschdenken bauen. Unsere Wünsche sind gut, das Karma ist besser.

Denn das Karma ist die Weisheit der Verstorbenen, die Weisheit der Engel, die wissen, was uns wirklich guttut. Denn wenn uns eine Verschnaufpause guttut, dann werden wir beflügelt, wir alle erleben Freude.

Aber dann kommt auch der Punkt, wo uns etwas Schwieriges, eine Schwierigkeit guttut, weil wir dadurch noch kräftiger werden, noch stärker werden. Und die Weisheit des Karmas weiß für jeden Menschen, was jeweils für ihn das Richtige ist. Und das klassische Gebet des Christus ist: Dein Wille geschehe.

Und was ist das Karma? Der Wille der Gottheit, der Engelhierarchien, der Wille der Verstorbenen. Denn, was will ein Verstorbener für mich? Meine Mutter ist verstorben, und ich bin als Tochter zurückgeblieben. Was will sie für mich? Immer das Beste: dass ich mich weiterentwickle.

Kann man sich gut weiterentwickeln, wenn niemals Schwierigkeiten kommen? Ganz unmöglich. Ich habe immer gesagt, diese Mentalität, die vor allem von Amerika kommt: «Take it easy», ist eine Riesendummheit. Es ist dumm, weil das überhaupt nicht stimmt. Wenn ein Mensch nur nach «take it easy» lebt, dann macht er nichts aus sich heraus und er wird ganz unglücklich sein. Denn um aus sich etwas zu machen, muss man das Leben auch in Angriff nehmen, und nicht nur «take it easy».

Teiln.: Aber wenn ich die Freude bewusst, also nicht nur «take it easy», wenn ich die Freude bewusst wahrnehme, wenn ich dankbar auch bin für die Freude, dass ich die habe, warum [unv.]

P. Archiati: Jetzt diese starke Freude. In zehn Minuten weiterhin diese starke Freude. In einer halben Stunde weiterhin diese starke Freude.

Teiln.: Ich weiß schon, dass das schwierig ist.

P. Archiati: Ich versuche, das durchzuführen. Und heute Nachmittag wiederum diese starke Freude. Morgen wieder diese Freude. Und immer wieder nur das.

Teiln.: Ja, ich weiß schon.

P. Archiati: Ja, ich weiß schon, was? Es wird stinklangweilig! Es kommt jemand und sagt: Du, du bist immer nur freudig – eine Ohrfeige. Denn Sie reden von einem Augenblick, aber nach zwei Stunden?

Teiln.: [unv.] Ich weiß schon, dass es einen Montag geben muss und einen Dienstag und ein Mittwoch, dass der Sonntag wieder was Besonderes ist. Genau das versuchen Sie mir rüberzubringen.

P. Archiati: Weil man in die Kirche geht oder was?

Teiln.: Weil der Sonntag ist für mich ein besonderer Tag, man kann ausruhen, man muss nicht unbedingt in die Kirche gehen [unv.]

P. Archiati: Meine Frage war, ist es immer Sonntag und nur Sonntag?

Teiln.: Nein, das weiß ich jetzt.

P. Archiati: Da sind wir einverstanden.

Teiln.: [unv.] eine Begegnung zu haben, mit jemanden, der melancholisch ist, dann würde er ihm nicht mit Freude begegnen dürfen, aber von sich aus würde er die Erfahrung machen, dass das nichts bringt. Schon eine ganz kleine Melancholie wird doch nicht durch Freude und Eierkuchen gelöst. [unv.] Dann holt man ihn da ab, wo er ist.

Teiln.: Also dann muss man selber depressiv sein, dass ich ihn aus seiner Depression holen kann?

P. Archiati: Da müssen Sie das Mikrofon nehmen, das war zu köstlich, was Sie gesagt haben. Und ich will außerdem auch Schwäbisch lernen.

Teiln.: [unv.] dass ich jemand in seiner Depression abholen kann. Mir muss es besser gehen als ihm, dass ich ihn da abholen kann.

P. Archiati: Was sagen Sie dazu?

Teiln.: Das unterschreibe ich sofort. Ich habe ja gar nicht gesagt, wir müssen depressiv sein, um den Depressiven abzuholen. Ich habe gesagt, man muss sein Verhalten darauf einrichten. Und da nützt es nichts, wenn wir so herumflattern, ach, das vergeht schon. Das haben Sie aber jetzt [unv.]

Teiln.: Ich muss doch bei meiner Freundin heute nicht flattern.

Teiln.: Sie sind Egoist, Sie schweben von einer Freude zur anderen. Und das ist in Ordnung.

P. Archiati: Egoist ist kein schwäbisches Wort. Im Schwäbischen sagt man ein Genüssling, das ist ein Egoist.

Teiln.: Ich glaube, das ist eine andere Freude, die Sie mir da unterstellen. Wenn Sie sagen: take it easy, vielleicht die Freude, wo Sie mir jetzt unterstellen wollen. Ich sage, es gibt eine Freude, wo von innen rauskommt, eine tiefere Freude meine ich einfach. Also ich empfinde Freude, wenn es den Leuten um mich herum gut geht. Jetzt habe ich eigentlich keine Lust mehr.

P. Archiati: Er sagt, ich habe ihn so verstanden, dass er sagt: Der Melancholiker oder der Depressive wird Ihnen sagen: Hau ab! Was dann? Sie kommen mit der Freude.

Teiln.: Vielleicht muss ich dann abhauen. Ich bin ja nicht Gott, wo jedem helfen kann. Wenn der sagt: Hau ab. Und ich habe das Gefühl, das ist gut, dann muss ich gehen. Vielleicht kommt jemand anderer, ich bin kein Herrgott, ich muss ja nicht jedem helfen. Aber ich bin der Meinung, dass ich auch mit der Freude dem anderen helfen kann, dem es vielleicht nicht ganz so gut geht. Also meine Überzeugung ist ganz klar die: Ich kann jemandem nur helfen, wenn es mir selber gut geht. Wenn es mir beschissen geht, brauche ich jemand anderen, der mir hilft.

P. Archiati: Also Schwäbisch ist viel besser als Deutsch. Tolle Sprache, ich verstehe es immer besser. Sie haben Glück, wir müssen jetzt zum Mittagessen. Aber ich entnehme seinen ganzen Überlegungen, ich entnehme daraus, dass seine Freude ganz unverwüstlich ist. Kompliment.

Teiln.: Wenn ich das noch schnell zu Ende sagen darf. Ich habe vor einigen Jahren eine Krankheit gehabt. Ich weiß jetzt genau natürlich heute, wie es einem geht, der eine Krankheit hat. Wenn ich vielleicht depressiv war, tue ich mir auch leichter, ihn zu verstehen oder irgendwas zu sein. Aber ich habe inzwischen das Gefühl, ich brauche nicht alles selber miterleben, was ein anderer hat, weil sonst bin ich ja [unv.], sondern vielleicht kann man sich auch in Leute reinfühlen, die depressiv sind. Ich weiß es nicht. Depression ist für mich eine ganz neue Krankheit, das ist für mich jemand, wo selber nimmer rauskommt. Also da funktioniert es einfach nimmer, sich selber auch zu helfen und zu sagen, ich kann mit meiner geistigen Einstellung das schaffen. Da brauche ich jemand wahrscheinlich. Aber ich meine auch, ich brauche das deswegen nicht selber mitzuerleben, ich brauche nicht alles selber erleben, um einem anderen zu helfen. Sondern ich kann es vielleicht auch so versuchen, und wenn ich es nicht kann, dann gibt es vielleicht jemand anderen, wo eine Depression kennt und das kann. Also ich brauche nicht glauben, ich bin Herrgott. Aber in meinem Rahmen kann ich auch mit Freude helfen. Und das gibt mir natürlich auch ein bisschen etwas, es gibt mir viel, wenn es dem bloß nach dem Gespräch mit mir ein kleines bisschen besser geht, das braucht gar nicht viel sein, dann ist das für mich eine Freude. Das ist eine Freude. Nicht take it easy, bloß high life und so was, das ist das Falsche. Es darf nicht egoistisch werden, die Freude, sondern, also.

P. Archiati: Jetzt kam mir, ich denke, ein wichtiger Gedanke während dem Zuhören, und zwar: So wie diese Haltung jetzt uns ein bisschen zu denken gibt, so ist sie – jetzt möchte ich das als Gedanken zu diesem Thema äußern – eine Haltung, die die Verstorbenen sich leisten können, immer positiv zu sein, weil sie nicht mehr verkörpert sind. Dann wird es überzeugend.

Teiln.: Ich bin nicht immer positiv, das weiß ich selber auch. Das andere wäre für mich der ideale Zustand, wenn ich nicht sterben müsste, dass ich so sein könnte, wie die sind. Warum soll man warten? Vielleicht ginge es da auch.

P. Archiati: Denn im Grunde genommen seine Aussage ist: Man kann alles ins Positive wenden. Und das ist schön! Wie sagt man guten Appetit auf Schwäbisch?

Teiln.: Mahlzeit.

P. Archiati: Mahlzeit. (Beifall)

Dritter Vortrag

Seelenwelt und Geisteswelt

Zeitlich begrenzt und immerwährend

Unterlengenhardt, 5. Januar 2010
(nachmittags)

Sehr verehrte Anwesende, liebe Freunde!

Wir waren dabei zu sehen, dass die Entwicklungsstufe, in der wir leben, uns den Übergang von dem, was wir Glauben nennen können, zur Erkenntnis verschafft. Man hat geglaubt, inzwischen nicht mehr alle, aber man hat geglaubt, dass die Verstorbenen weiterleben. Man hat für sie gebetet, aber man hat nicht den Anspruch gehabt, ganz genau zu wissen, was sie da machen, was sie da durchleben. Warum? Weil die Meinung war, das weiß ja kein Mensch.

Dadurch, dass die Menschen sich immer mehr mit der physischen Welt verbunden haben, ist dieser Glaube an die göttliche Welt, an Gott, an Christus, an das Leben der Toten immer dünner geworden. Natürlich, theoretisch ist bei vielen Menschen dieser Glaube da, nur die Dinge der Welt, das Geldverdienen, Urlaubmachen und so weiter, beschäftigen einen inzwischen so gewaltig, dass diese Dinge des Glaubens einfach in den Hintergrund getreten sind. Sie sind nicht mehr so wichtig.

Und der Mensch macht zunehmend die Erfahrung, dass in dem Maße, wie er die Welt der Toten, die Welt des Geistes aus dem Auge verliert, kein Interesse daran hat, keine Zeit dafür hat, er sich unerfüllt erlebt, immer depressiver wird. Dass er, verflixt noch mal, unglücklich wird. Sagen wir so, der Materialismus, psychologisch gesehen, wäre der kulturelle Versuch gewesen, ohne die Welt des Geistes glücklich zu sein. Und der Versuch ist missglückt, kläglich gescheitert, weil der Mensch Geist ist. Und er wird immer mehr scheitern.

Je kräftiger, je dezidierter der Mensch, irgendein Mensch, darauf erpicht ist, so zu leben, als ob nur die materielle Welt eine Wirklichkeit wäre, desto mehr wird er die Erfahrung machen müssen, dass er nicht glücklich sein kann. Denn nehmen wir an, ein Mensch könnte glücklich sein oder wäre glücklich bei Ignorierung der geistigen Welt, wäre da etwas dagegen zu sagen? Nein, glücklich ist glücklich.

Dann müsste man sagen, es ist in der Natur des Menschen, dass er von der materiellen Welt genug hat. Und das wäre in Ordnung, wenn das so wäre. Und wenn der Mensch die Erfahrung macht, nein, ich bin nicht glücklich, dann muss er sich ehrlicherweise fragen, was fehlt mir denn? Denn glücklich ist glücklich.

Nehmen wir unseren Freund hier links, der so schön Schwäbisch gesprochen hat. Ich fand den Beitrag deshalb so schön und so wichtig, weil dieses Gestimmtsein, diese innere Haltung der Positivität wunderbar ist. Da ist nichts zu sagen. Und Sie kamen immer wieder mit Ihrer Freude. Das fand ich toll. Die Frage ist nur, wie wäre es, wenn immer weniger Menschen so glücklich leben können wie Sie? Was machen die dann?

Teiln.: Die ziehen mich auch wieder runter.

P. Archiati: Die ziehen mich nicht runter?

Teiln.: Doch, wahrscheinlich schon, weil ich dann meinen Erfolg nicht habe. Ich will ja, dass die anderen so werden wie ich und ich so wie sie.

P. Archiati: Gut, also dann fangen Sie schon an, ein Problemchen zu haben. Und jetzt noch eine Frage: Wie wäre es, wenn auch für Sie eines Tages diese naturgegebene, gottgegebene, spontane Positivität einfach weg ist? Was dann?

Teiln.: Die war bei mir nicht immer da.

P. Archiati: Die war bei Ihnen nicht immer da? Das glaube ich nicht.

Teiln.: Die ist ja jetzt auch nicht immer da. Schön wäre es.

P. Archiati: Gut, das heißt, Sie merken, dass diese spontane Positivität gefährdet ist. Sie könnte auch weg sein.

Teiln.: Das kann schnell weg sein. Bloß, wie soll ich das sagen, es wäre ja schön, [unv.] wenn man das Leiden nicht bräuchte.

P. Archiati: Aha.

Teiln.: Ich habe es genauso gebraucht, das muss ich auch dazu sagen. Aber ich versuche es heute, dass ich es nimmermehr brauche.

P. Archiati: Aha, da wollen wir sehen, ob Sie ohne Leiden gut vorankommen.

Teiln.: Ja, ich habe mir einmal meine Finger verbrannt auf dem Herd. Ich weiß es, dass die Platte heiß ist, also ich muss nicht unbedingt mehr ein zweites Mal «drauflangen».

P. Archiati: Ja, aber es kommt etwas anderes an die Reihe. Man hat viele Finger.

Teiln.: Es gibt keine Ruhe.

P. Archiati: Muss es auch nicht. Das ist ja das Schöne, denn es ist ja ernst. Also der Gedanke ist, das habe ich anhand des Materialismus aufgezeigt, dass, wenn ein Mensch spontan positiv gestimmt ist – es gibt eine Oper, wo ein Kerl vorkommt, der heißt Papageno, nur zur Information, das ist ein unverwüstlicher Optimist, nur ist er ein Naturmensch –, dass früher oder später diese Positivität, die spontan kommt, verschwinden wird. Das ist Gesetz der Entwicklung, weil es etwas Besseres gibt: eine Positivität, die nicht die Natur gibt und die nicht spontan kommt, sondern die Tag für Tag errungen wird. Das ist noch viel besser.

Dann kann man, und da haben Sie recht, wiederum als Ideal das anstreben, was uns die Verstorbenen, die Toten, die ganze Zeit sagen. Nach dem Tod wird die Positivität errungen. Das heißt, man lebt das Leben rückläufig vom Tod zurück bis zur Geburt. Man erlebt das, was man sich nicht bewusst gemacht hat, was man verschlafen hat, mit der Vorgabe, alles positiv zu sehen. Und die Toten sagen uns, dass eine Positivität, die errungen wird, die nicht spontan gegeben wird, noch viel mehr wert ist.

Es ist so wie mit der Gottgläubigkeit, ein Mensch glaubt an Gott, und jetzt würde jemand ihn fragen: Was ist besser, an Gott zu glauben oder ein Atheist zu sein? Ein Atheist ist ein Mensch, der sagt: Es gibt keinen Gott, das ist Quatsch. Was ist besser?

Teiln.: Soll ich das beantworten?

P. Archiati: Sehen Sie, dass Sie sehr vorsichtig werden. Das ist schon etwas.

Teiln.: Ich glaube, wer an Gott glaubt, ist besser dran, weil er einfach eine Richtung hat und ein Ziel. Und der Atheist – ich weiß es nicht genau. Also ich habe mich zu wenig befasst mit denen natürlich, aber wenn du ein Ziel hast, wo ich hinwill, und wenn das das Paradies ist, beim Katholischen, dann ist das gut. Ein Ziel, wo ich hin will, ist immer gut, als wenn ich ziellos bin. Darum glaube ich, dass derjenige, der an Gott glaubt, ist besser dran.

P. Archiati: Aber Sie mogeln, Sie sagen, er ist besser dran. Ich habe gefragt, was ist besser, nicht wer ist besser dran.

Teiln.: Ach so, wer ist als Mensch besser?

P. Archiati: Ja.

Teiln.: Aber da mach ich keinen Unterschied. Da sind für mich beide gleich gut. Warum soll ich da beurteilen, ob der besser oder schlechter ist. Das ist nicht meine Aufgabe.

P. Archiati: Ja, es wird besser. Also, gottgläubig (Tafel: «gottgläubig»): gemeint ist, schon allein der Glaube, dass das spontan ist. Und der Gedanke ist – denn da darf man nicht loslassen, da darf man nicht mogeln –: Die nächste Stufe ist für jeden Menschen, dass diese gottgegebene, natürliche Gottgläubigkeit irgendwann verschwindet. Das ist Gesetz der Entwicklung.

So wie das Kind. Nehmen wir an, das Kind hat ein Urvertrauen (Tafel: «Urvertrauen»). Inzwischen gibt es auch viele Kinder, die das nicht einmal mehr haben. Aber gehen wir zurück zu den Zeiten, wo es spontan für das Kind war, ein Urvertrauen zu haben. Wenn dann das Kind fünfzehn, zwanzig Jahre alt wird, bleibt es bei diesem kindlichen, spontanen, wie soll ich sagen, durch Gnade gegebenen Urvertrauen? Das verschwindet. Das heißt, die Kindheitsstufe verschwindet.

Und dann kommt die Rationalität und der Gottgläubige wird ein Atheist (Tafel: «Atheist»). Der Atheist ist einen Schritt weiter als der

Gläubige in der Entwicklung. Nur darf es nicht dabei bleiben. Es muss weitergehen.

Teiln.: [unv.]

P. Archiati: Haben Sie Anthroposoph gesagt? Wenn Sie es gesagt hätten, hätte mich der Schlag getroffen, denn Sie wissen nicht einmal, was der Anthroposoph ist. Was ist das? Ein Ungetüm? Was ist das?

Teiln.: Ich weiß nur, wie Sie aussehen, also so wie Sie.

P. Archiati: In allen anderen Fällen wäre das eine Beleidigung. In meinem Fall ist das ein Kompliment. Also, der nächste Schritt ist Glaube und Erkenntnis. Das heißt, also sagen wir so: Der Gottgläubige hat nur das Herz. Das ist ja schön, aber es fehlt der Kopf. Dann kommt die nächste Stufe: nur der Kopf und es fehlt das Herz. Und dann Herz und Kopf. So, und dann haben wir den ganzen Menschen.

Aber für diese Synthese des Zusammenkommens von Kopf und Herz muss man durch die zweite Einseitigkeit gehen. So wie das Kind in dieser Symbiose, in dieser Einheit, in dieser Harmonie mit den Eltern, dann muss man durch die Pubertät. Zuerst das Urvertrauen, dann die Pubertät: dagegen, dagegen, dagegen. Das ist auch eine Einseitigkeit. Und dann die Reife – hier schreiben wir die «Reife» – beides zu haben: sowohl die Eigenständigkeit wie auch das Streben nach Kommunion, nach Gemeinschaft, nach gegenseitiger Förderung.

Und im Grunde genommen, was wir machen, ist, dass wir schauen, wie der alte Glaube ergänzt werden kann. Denn dieser Glaube ist ja begründet. Der Glaube war: Wenn ein Mensch stirbt, verschwindet er nicht. Er lebt als Seele, als Geist weiter. Und dieser Glaube bekommt jetzt die Möglichkeit, durch Erkenntnis ergänzt zu werden, dadurch, dass der Mensch mehr und mehr erkennt, was die Toten mit uns machen. Denn wenn wir nicht die Erkenntnis hinzufügen, wird dieser Glaube immer weniger interessant.

Das heißt, wir stehen jetzt an einer Schwelle. Schauen Sie, was mit dem Christentum passiert. Entweder vertiefen wir das christliche Mysterium, denn da ist jede Menge, was geglaubt worden ist, was jetzt darauf wartet, verstanden zu werden, erkannt zu werden, sodass Erkenntnis dazukommt (oder es wird verschwinden).

Und ein großes Stück dieser Geisteswissenschaft Rudolf Steiners ist die Erkenntnis, das denkerische Durchdringen dessen, was vor 2 000 Jahren als Wende der Entwicklung geschehen ist, um die Erlösung des Menschen möglich zu machen. Wenn dieses Christentum, als Beispiel, nicht durch Erkenntnis vertieft wird, wird es verschwinden.

Immer mehr Menschen sagen, warum soll ich glauben? Was bringt mir dieser Glaube? Nur Gewissensprobleme, weg damit! Und wir haben immer mehr Menschen, die sagen: Evangelien? Nein, danke. Sie wollen nichts davon wissen. In unserem Verlag sind alle Titel, wo «Christus» oder «Christentum» drinsteht, diejenigen, die sich am wenigsten verkaufen. Die Menschen sagen: Nein, danke. Also die einzige Rettung des Christlichen ist, dass es durch geistige Erkenntnis vertieft wird.

Ich gebe Ihnen ein Beispiel. Sie wissen, dass Mozart zum Beispiel, aber nicht nur Mozart, Requiem-Messen komponiert hat. Was heißt Requiem?

Teiln.: Ruhe.

P. Archiati: Ruhe! Wie ist es:

> Requiem aeternam dona eis, Domine:
> Et lux perpetua luceat eis.

Wie sagt man das auf Deutsch?

Teiln.: Ruhe in Frieden.

P. Archiati: Nein, «Ruhe in Frieden» steht im Friedhof. Aber dieses Gebetchen: Ewige Ruhe – wo sind die Katholiken? Das Gebetsbüchlein, das Sie von Mama und Oma bekommen haben, wo ist das Gebetsbüchlein? Also ich kenne das auf Lateinisch. «Requiem», ich schreibe Ihnen das an die Tafel. Das ist ein ganz Wichtiges für die Auseinandersetzung über die Toten. Das ist ein Gebet für die Toten. Eine Requiem-Messe ist eine Messe für die Toten, eine Totenmesse.

Requiem aeternam – «die ewige Ruhe», Akkusativ
dona – «schenke, gib»
ei – «ihr» oder «ihm», oder wenn es mehrere sind: eis
Domine: – «Herr»
et lux – «und das Licht»
perpetua luceat – «leuchte», das ist die Lucia, luceat
(perpetua bedeutet «immerwährend»)
ei oder eis – «ihm, ihr» oder «ihnen».

Dann kommt der zweite Teil, der viel später gekommen ist, wo das Ganze durcheinandergebracht worden ist. Also,

«Herr» – das ist der Christus, der Sonnengeist
«gib ihnen» – den Verstorbenen
Requiem aeternam – «die ewige Ruhe» wird es übersetzt.

Das ist die Seelenwelt oder Kamaloka. Und die Seele muss zur Ruhe kommen, das heißt, sie muss sich läutern, sie muss die Heftigkeit der Leidenschaftlichkeit läutern und Ruhe, das heißt Gelassenheit, finden. Hier (Tafel):

Seelenwelt

Ein Drittel des Lebens: Wenn ein Mensch mit sechzig Jahren gestorben ist, braucht er ungefähr zwanzig Jahre. Das ist ungefähr die Zeit, die er geschlafen hat. Ein normaler Mensch schläft im ganzen Leben ungefähr ein Drittel der Zeit. Nehmen wir 24 Stunden, acht Stunden Schlaf und sechzehn Stunden Wachsein. Also vom Tod, mit sechzig Jahren gestorben, bis zurück zur Geburt, im Schnellverfahren zwanzig Jahre zurück.

Und ein Satz des Evangeliums bezieht sich auf das, was die Verstorbenen nach dem Tod durchmachen: «Wenn ihr nicht werdet, wie die Kindlein», das heißt, es sei denn, dass ihr vom Tod zurückkommt bis zur Geburt, bis zur Kindheit, «könnt ihr nicht ins Geisterreich hineinkommen» (vgl. Matthäus 18,3). Das ist dann der zweite Teil: Lux perpetua, das ist der Geist. Hier ist es der (Tafel)

Geist

Jetzt schauen Sie, was geschehen ist. Ewige Ruhe, wir haben für «ewig» im Lateinischen

aeterna

Das ist eine Übersetzung von griechischen Wörtern. Und für das «ewige Licht» ein anderes Wort:

perpetua

Teiln.: Das immerwährende Licht.

P. Archiati: Auf Deutsch «immerwährend». Hier

ewig

und hier

immerwährend.

Was ist der Unterschied? Also, aeterna, ein älteres Wort war aeviternus. Aevus ist ein «Äon». Das währt nur ein Äon. Das heißt, diese Ruhe in der Seelenwelt ist das Gegenteil von ewig. Es dauert ein Äon. Es dauert in der Zeit, in der Seelenwelt, und nur zwischen Tod und neuer Geburt. Und dann kommt der Mensch zurück auf die Erde. Dagegen perpetuus, auf Griechisch περιπέτομαι (peripetomai) heißt «fliegen» und durchfliegen heißt, ohne Unterbrechung, immerwährend. Das ist das Ewige.

Das bedeutet, wir haben in unseren Sprachen nicht einmal ein Wort für das Ewige. «Ewig», aeviternus, also ewig kommt von hier (Tafel). Und «ewig» ist αἰών (aion), aevom, ein «Äon» (Zeitraum). Das heißt, im Wort «ewig» ist das Wort aevom, Äon drinnen. Und ein Äon hat einen Anfang und ein Ende. Das ist das Gegenteil von ewig. Egal, wie lang ein Äon ist, irgendwann kommt es zu Ende, oder es wäre kein Äon.

In der Seelenwelt, die nur eine Zeit lang dauert, geht es darum, innere Ruhe, Gelassenheit oder Geläutertheit zu erzeugen, aber das Licht des Geistes ist ununterbrochen, immerwährend. Der Geist ist ewig, aber nicht das Seelische. Das Seelische ist durch Äonen in Entwicklung begriffen.

Im Ursprung kann dieses Gebetchen, das dann durch die ganzen 2 000 Jahre (gebetet wurde), nur von Eingeweihten geprägt worden sein. Denn es hat die zwei Teile des Lebens nach dem Tod. Der erste Teil: Oh Herr, gib ihm, gib ihr, gib ihnen in der Seele – hier ist die Seele (Tafel) – die Ruhe für ein Äon. Und dann der zweite Teil: für den Geist das Licht des Denkens, das Licht der Erkenntnis. Aber das Licht des Denkens, das Licht der Erkenntnis ist ewig im wahren Sinne des Wortes. Es hat keinen Anfang und kein Ende. Es ist immer. Geist ist immer.

Der Geist hat keinen Anfang, denn er ist jenseits der Zeit. Und das ist für uns schwierig. Also ein Äon ist in der Zeit, in der Entwicklung. Aber der Geist ist jenseits der Zeit, ohne Anfang und ohne Ende. Es ist schwierig für uns, etwas zu denken, was jenseits der Zeit ist. Und der Verstorbene kommt nach dieser Seelenwelt in eine Welt des Geistes, die jenseits der Zeit ist. Es gibt keine Zeiteinheiten mehr.

Das stand da wirklich in den Wörtern drinnen. Dann ist es nicht mehr verstanden worden. Man hat dieses aeternum, was «für ein Äon» bedeutet, genauso als ewig hingestellt wie perpetuus, was ja wirklich ewig ist. Ich würde es so übersetzen:

Das Licht des Geistes jenseits der Zeit.

Das wäre die beste Übersetzung in Sprachen, die diese Wörter nicht mehr haben. Aber diese seelische Ruhe, diese Ruhe der Seele ist in der Zeit drinnen. Und in der Zeit gibt es Entwicklungsabschnitte, sonst wäre es ja keine Zeit. Die Zeit muss messbar sein. Also die Zeit muss Messeinheiten haben, oder sie wäre keine Zeit. Und alles Geistige ist jenseits der Zeit. Es kann nicht mit Zeitqualitäten belegt werden.

Diesem «Requiem aeternam dona eis, Domine: Et lux perpetua luceat eis.» ist später ein Anhängsel hinzugefügt worden. Vielleicht werden manche von Ihnen das in Erinnerung haben: «Requiescat in pace. Amen.» Dieses Letzte, das wurde so gebetet in der Liturgie, im Kultus, im Katholischen zum Beispiel, aber auch im Protestantischen.

Nachdem eigentlich in dieser Einweihungsformel das Seelische, die Seelenwelt und das Geisterland zur Sprache gebracht worden war, ist später, als man vom Ganzen nichts mehr verstanden hat, ein Anhängsel hinzugefügt worden, was nicht mehr stimmt: Möge er ruhen in Frieden. Aber der Friede war schon hier angesprochen! Und wir haben auf den Gräbern:

R. I. P.
Requiescat in pace – «Möge er ruhen in Frieden.»

Das ist die schlimmste Beleidigung für unsere Toten. Eine Beleidigung ohnegleichen, denn die Unterstellung ist, dass es nach dem Tod nur darum geht, sich auszuruhen. Es ist furchtbar, verehrte Anwesende!

Was ist das für ein Christentum, das an diesen Nullpunkt gekommen ist, dass es keine Ahnung hat, was alles tüchtig, tätig, schöpferisch und mit Wachsamkeit durchgemacht wird nach dem Tod! Also wenn die Aufgabe der Toten ist, nur sich auszuruhen, dann sind sie gar nichts wert. Wenn ein Toter nur ruht, ist er nicht mehr wert als ein Kadaver, der in der Erde ruht.

Da merken wir, wie dringend notwendig es ist, an diesem Nullpunkt, wo der Glaube an einem Nullpunkt angekommen ist, den Glauben durch Erkenntnis zu ergänzen. Wenn meine Mutter mir sagt: Du, aber unsere Verstorbenen, dein Großvater, der ruht in Frieden – du musst daran glauben!, dann sage ich meiner Mutter: Ja, woran soll ich glauben? Dass der nichts mehr zu tun hat?

Erlauben Sie eine psychologische Bemerkung? Die Welt, die Gesellschaft, terrorisiert diese kleinen Leute, terrorisiert dich ein ganzes Leben lang für die, die dann das ganze Geld absahnen, zu schuften und schuften und schuften und die Entschädigung ist, dass du dann in die geistige Welt kommst, um endlich einmal deine Ruhe zu haben. Das ist ein Hundsleben!

Also Sie sehen, die Unterstellung, der Mensch soll bitteschön ein ganzes Leben lang schuften und schuften und schuften, denn er hat dann Zeit genug, um sich auszuruhen, ist, wenn Sie so wollen, ein ganzes Stück bürgerliche, nicht nur kirchliche, sondern bürgerliche Erpressung. Die Aussage ist wirklich ungeheuerlich.

Und dann wird der Mensch moralisch terrorisiert, indem gesagt wird: Pass auf, wenn du nicht richtig schuftest und schuftest und schuftest, kommst du in die Hölle. Da hast du keine Ruhe. Und höchste Zeit, dass der Mensch sagt: Moment mal, für die anderen zu schuften, ist die schlimmste Hölle, die es gibt. Eine schlimmere wird es gar nicht geben. Ich will auch jetzt ein bisschen meine Ruhe haben.

Also Sie sehen, wie wichtig diese Auseinandersetzung zwischen traditionellem Christentum und Geisteswissenschaft ist. Denn, was wir da auf den Gräbern sehen: «Möge er ruhen in Frieden», das ist ein gewaltiger Irrtum!

Nehmen wir den «Faust-Menschen» – wir machen jetzt den *Faust* –,[7] so wie Goethe diesen idealen Menschen hinstellt. Wenn der Faust den Gedanken hätte, dass es nach dem Tod in der geistigen Welt nur darum geht zu ruhen, würde er erstens sagen: Ich habe keine Lust dazu, weil ich nicht ein Mensch bin, der nur ruhen will. Und zweitens, was wäre das? Dieses Ruhen in Frieden würde bedeuten, dass der Mephisto die Wette ewig gewinnt.

Denn was ist die Wette mit Mephisto? Die Wette mit Mephisto ist: Wenn der Tag kommt, an dem ich sage: Ruhe, Ruhe, verweile doch, du bist so schön, dann hat der Teufel gewonnen.[8] Das heißt, unsere Auffassung, die traditionelle Auffassung des Lebens der Toten ist, dass der Teufel sie am Kragen gepackt hat. Sie ruhen. Sie sagen dem Augenblick für alle Ewigkeit: Verweile doch, du bist so schön. Ich will nur meine Ruhe haben. Ich will in Ruhe gelassen werden.

---

7 Gemeint sind die Wochenendseminare mit Pietro Archiati über Goethes *Faust,* die 2009 bis 2014 mehrmals jährlich in Unterlengenhardt stattgefunden haben.

8 s. Goethe, *Faust,* 1. Teil, «Studierzimmer», V. 1692-1706.

Nehmen wir an, die Toten, von denen wir jetzt reden, erleben ihr Leben nach dem Tod ganz anders. Wenn Sie dieses Büchlein *Mit den Toten leben* lesen – vielleicht kommen wir dazu ein paar Seiten gemeinsam zu lesen –, werden Sie sehen, dass Rudolf Steiner immer wieder sagt: Nach dem Tod erlebt der Tote nur das, was er schöpferisch tätig, sowohl im Denken wie auch im Willen, in den Kräften der Liebe, selbst hervorbringt. Das heißt, die Verstorbenen erleben, dass die Anforderung ist, immer schöpferischer, immer tätiger zu werden.

Und unsere Gedanken begleiten sie mit der Vorstellung: Ach, die faulenzen nur. Jetzt stellen wir die Frage: Wie ist eine Kommunikation möglich, wenn ein absolutes Missverständnis, ein Aneinander-Vorbeireden besteht? Das heißt, der Materialismus ist an den Punkt gekommen, wo der Mensch sagt: Wo der Körper da ist, wird etwas getan, wo nur der Geist da ist, da ist nichts los, Ruhe. Das ist ungeheuerlich, wirklich ganz ungeheuerlich.

Ich meine, das sind die zentralen Dinge, die ganz wichtigen Dinge, die die Verstorbenen, die Toten, uns sagen. Du, du hast auf meinen Grabstein geschrieben: «Möge er ruhen in Frieden.» Radiere das weg! Schmeiß das weg, das ist doch eine Lüge, das ist falsch! Es ist hier viel mehr los. Hast du eine Ahnung, was hier in der geistigen Welt alles los ist, was alles zu verstehen ist, was alles für das Karma, für das Schicksal im nächsten Leben und so weiter zu planen ist! Du bist derjenige, der auf dem Ruhekissen da auf der Erde nur faulenzt. Wir sind die Tüchtigen.

Aber wir beten für die Toten: Möge er ruhen in Frieden. Und die Frage, die wir stellen, ist: Wie ist es den Toten bei diesen Gedanken, die wir denken, zumute? Das heißt, es ist ganz entscheidend, dass wir uns die Erkenntnis dessen erringen, was die Verstorbenen tun.

Was ist das Denken? Wenn das Denken nicht nur am Gängelband der Wahrnehmungen ist, was ja kein Denken ist, wenn es nicht nur ein rationales Denken ist, sondern ein Denken, wo der Mensch immer schöpferischer, immer konzentrierter, immer tätiger, immer willenshafter im

Denken wird, dann wird dieses Denken mehr und mehr ein Tun im Geistigen! Ein geistiges Tun, aber es ist ein Schaffen!

Es kommen nur die Gedanken zustande, die ich selbst hervorbringe. Warum soll der Mensch tätig, schöpferisch weniger zustande bringen, wenn er im Geistigen tätig ist, als wenn er mit Armen und Beinen fuchtelt? Eine neue Maschine wird erfunden. Wer hat am meisten getan für diese Maschine? Der, der die Gedanken zugrunde gelegt hat. Der die Gedanken ausgeführt hat, der hat am wenigsten getan. Am meisten physisch, aber am wenigsten für das Zustandebringen der Maschine.

Also es ist doch offensichtlich, dass das Denken, insoweit das Denken erfinderisch ist, ein gewaltiges Tun ist, denn es bringt eine Maschine zustande. Denn ohne Gedanken, ohne schöpferische Gedanken kommt niemals eine neue Maschine zustande. Und der andere führt es nur aus. So wie bei einem Haus: Der Architekt, der in Gedanken das Haus prägt, der tut für das Haus am meisten. Denn wenn die Arbeiter, die Bauleute nicht den Plan hätten, würden sie niemals ein Haus zustande bringen.

Teiln.: Aber wenn der Architekt keinen Maurer hätte, auch nicht. Wenn der Architekt keine Maurer hat, dann ist der Gedanke zwar da, aber das Haus entsteht trotzdem nicht. Also man braucht schon beide. Also ich würde das nicht so unterscheiden, dass der eine wichtiger ist als der andere. Ich bin Handwerker.

P. Archiati: Ich sehe. Sie würden anders sprechen, wenn Sie Architekt wären. Logisch? Also jetzt bin ich der Architekt. Jetzt ein kleines kurzes Gespräch zwischen Maurer und Architekt. Frage: Kann jeder ungefähr Maurer sein, wenn er sich ein bisschen sputet? Fast jeder.

Teiln.: In der Zeit, in der wir jetzt sind, können es nicht mehr viele. Wir haben Zeiten gehabt, wo es mehr konnten. Aber jetzt haben wir mehr Architekten als Maurer.

P. Archiati: Er hat gesehen, dass es gefährlich wird für ihn, sofort hat er gesagt: Nein, das wollen wir nicht, dass wir zu viele Architekten haben. Was ich sagen will, ist –

Teiln.: Ich habe nichts gegen Architekten.

P. Archiati: Nein, es sind nicht alle Architekten. Anthroposophen sind Architekten, gell. [unv.]

Teiln.: Ich bin der Meinung, also die Zeit, wo wir jetzt haben, wir haben viele, die studieren, [unv.] und man braucht mehr, die studieren, aber man merkt gar nicht, dass die, wo noch schaffen draußen, weniger werden. Ich bin auch nichts mehr wert im Grunde genommen. Deshalb wehre ich mich auch ein bisschen dagegen, was Sie jetzt erzählt haben.

P. Archiati: Klar, klar, klar. Das macht das, was ich machen wollte, schwierig, weil Sie wiederum recht haben. Es ist schon nicht leicht. Toll, dass Sie da sind, das finde ich ganz gut. Hat man die nicht die Großkopferten genannt, die nur studieren, studieren, studieren?

Teiln.: Nein. Das Gleichgewicht muss da sein. Wir brauchen die Studierten, wir brauchen aber auch den Maurer und den Straßenkehrer. Und das muss ausgeglichen sein. Dann meiner Meinung nach funktioniert's. Und von der Anerkennung her muss es aber auch ausgeglichen sein. Es darf nicht sein, dass, wenn einer studiert hat – der hat halt vom Herrgott um fünf Pfennig mehr Verstand mitgekriegt, (den) hat er geschenkt gekriegt. Er kann da nichts dafür, sage ich mal. Das weiß ich nicht, da kommt dann Karma und so etwas.

P. Archiati: Ich habe nicht das Karma hergezaubert. Sie haben das jetzt getan! Sie kommen mir ein bisschen zu anthroposophisch vor. Also, jetzt wollte ich in dieser Auseinandersetzung mit dem traditionellen Christentum, wo wir beide Seiten ernst nehmen, auch hier sind beide Seiten, die wir beide ernst nehmen, wie man sich jetzt Erkenntnis darüber erringt, wie die Toten leben. Wir wollen das fundiert erkennen.

Und etwas ganz Wunderbares in diesen Vorträgen ist, dass Rudolf Steiner die Frage stellt (die Verstorbenen sind weg, sie haben keinen Leib mehr, sie gucken auf die Erde herunter, auf uns, die noch im Körper sind. Und manche Verstorbenen haben viele Menschen, die an sie denken und manche Verstorbenen haben keine Menschen, die an sie denken): Kann man herausfinden, wie die Verstorbenen das Denken an sie erleben und wie sie es erleben, wenn kein Mensch an sie denkt?

Und er gibt eine Antwort durch einen Vergleich. Und ich muss Ihnen sagen, das gehört zu den Dingen – schon allein diese Angabe der Geisteswissenschaft ist so schön –, die einen ein ganzes Leben lang tragen können. Und er sagt: Wir haben in unserer Welt die Natur, die Naturwissenschaft und so weiter. Ist das genug? Menschen, nicht alle, aber einige Menschen sagen, die geschaffene Welt, die von Gott geschaffene Welt, ist wunderbar! Nur habe ich Bedürfnis nach etwas, was eine Zugabe ist. Und das ist die Kunst.

Kunst ist all das, was nicht sein muss! Aus dem Überschuss der Kräfte, aus der Begeisterung für die göttlich geschaffene Welt schafft der Mensch eine neue Welt, die nicht sein muss: die Welt des Schönen, das Schöne. Spielt es eine Rolle, ob ein Haus schön ist? Und wann ist ein Haus schön?

Teiln.: Wenn es dem gefällt, der darin wohnt.

P. Archiati: Gut, der kann sagen, für mich ist es schön, wenn es bequem ist. Ob es schön ist, ist mir wurst. Gut, also das Schöne ist keine leichte Sache, es ist auch Geschmackssache.

Das heißt, zur gegebenen Welt wird eine Welt der Bilder hinzugefügt. Es ist eine Zugabe. Es muss nicht sein, aber es macht das Leben schöner. Man schafft Musikinstrumente mit Gesetzmäßigkeiten der Frequenz und so weiter und jetzt sitzen wir im Konzert und Musik, eine Symphonie, ertönt und wir sagen: Das ist schön! Kunstgenuss ist eine Zugabe. Und es gibt Menschen, die ohne Kunst leben.

Teiln.: Aber Kunst ist nicht immer schön.

P. Archiati: Dann ist sie keine Kunst.

Teiln.: Das weiß ich ja nicht. Also wenn ich Beuys zum Beispiel anschaue, man kann nicht sagen, das ist schön [unv.]

P. Archiati: Gut, also Kunst ist auch Geschmackssache. Aber wenn nach Ihrem Begriff, nach jedermanns Begriff, wenn etwas nach Ihrem Begriff nicht schön ist, dann ist es auch nicht künstlerisch. Und die deutsche Sprache sagt: Das ist Kitsch. Sie wollen sagen, aber das Schöne ist objektiv. Wir wollen uns jetzt nicht die Objektivität oder Subjektivität des Schönen anschauen, sondern diesen Gedanken, dass ein Mensch, der kein Bedürfnis nach Kunst hat, ärmer dran ist als ein Mensch, der Kunst noch dazu erwirbt.

Der Goethe schreibt den *Faust.* Ist es egal, ob er ein paar Worte einfach so hinschreibt oder ob es schön ist?

> «Des Lebens Pulse schlagen frisch lebendig,
> Ätherische Dämm'rung milde zu begrüßen;
> Du Erde warst auch diese Nacht beständig,
> Und atmest neu erquickt zu meinen Füßen,»[9]

Ist Ihnen das wurst, dass es schön ist? Nein, wenn man nicht ein totaler Banause ist, sagt das Herz: Das ist schön! Oder man ist ein Banause.

Und jetzt lesen wir bei Rudolf Steiner – und diese Beiträge gibt in der modernen Menschheit wirklich nur diese Geisteswissenschaft –: Die Verstorbenen, die Toten, erleben alle Gedanken, alle Erinnerungen an sie, wenn wir an sie denken, wie eine schöne Zugabe, genauso wie wir die Welt des Schönen erleben.

Die Welt wäre nicht schön, es gäbe reine karmische Notwendigkeit, wie wir Naturnotwendigkeit haben. Und dadurch, dass die Gedanken der Zurückgebliebenen zu ihnen kommen, sind diese Gedanken wie die Welt des Schönen. Sie machen das Leben nach dem Tod schön, weil sie wissen, das muss nicht sein.

Und der Verstorbene, der keinen Menschen hat, der an ihn denkt, erlebt die Welt nach dem Tod als karmische Notwendigkeit, aber ohne Schönheit, ohne Verschönerung durch die Kunst. Und diese Verschönerung ist deshalb schön, weil sie nicht sein muss. Es ist aus der Freiheit heraus, aus dem Überschuss der Kräfte der Liebe. Die Gedanken der Zurückgebliebenen, die Erinnerungen, machen den Toten das Leben schön.

Jetzt überlegen wir noch einmal: Was ist der Sinn der Kunst, des Schönen? Dass es das Leben ganz anders erträglich macht. Die Griechen waren die ersten Menschen, die die Tragik des Todes erlebt haben,

---

9 s. Goethe, *Faust,* 2. Teil, «Anmutige Gegend», V. 4679-4682.

und sofort haben sie als Erlösung von dieser Tragik die Kunst erfunden, um das Leben schön zu machen, erträglich zu machen, auch den Tod erträglich zu machen.

Und das Mysterium des Todes haben sie eingeführt in eine Tragödie, die durch und durch künstlerisch ist. Es durfte nicht banausisch sein, es musste künstlerisch sein. Wie gesagt, man kann das in diesem Büchlein (Rudolf Steiner, *Mit den Toten leben*) lesen, man kann darüber meditieren. Man könnte schon allein diese Aussage nach allen Seiten vertiefen. Es vertieft auch, was für uns die Kunst, das Schöne ist.

In der Bibel heißt es: Gott hat die Welt geschaffen, sechs Tage lang. Am siebten Tag – Sabbat heißt ruhen – ruht die Gottheit. Und dieses Ruhen besteht darin, auch das Ruhen nach dem Tod, dass die Gottheit die geschaffene Welt anschaut und sagt: Und sah, es ist schön, טוֹב (tov) im Hebräischen, schön.

Ist das wichtig, Schönheit zu erleben? Der Materialismus, die Vordergründigkeit der Wirtschaft, des Machens und Machens, der Maschinen und der Produktion und Superproduktion und Überproduktion haben den Menschen so eingespannt im Tun, dass der Mensch verlernt hat, sich zurückzunehmen und die Welt anzuschauen und das Schöne zu genießen.

Darum ist das Leben immer ärmer geworden, weil immer weniger Menschen das Erlebnis des Schönen haben. Und die Gottheit hat geschaffen und geschaffen, aber nur sechs Tage lang. Und dann einen ganzen Tag, ein Siebtel, hat sie das angeschaut: Es ist schön.

Der Sinn des Sonntags, denn dann ist es vom Samstag, vom Sabbat, auf den Sonntag gegangen, auf den Tag des Sonnengeistes. Der Sinn des Sonntags ist die Kunst, die Betrachtung des Schönen. Der Banause würde sagen: Aber das bringt kein Geld ein.

Wollen wir zusammen vielleicht ein paar Absätze lesen, Seite 58[10] für diejenigen, die das Büchlein dabei haben. Also wie gesagt, nach dem Tod

10 In der 2. Auflage findet man die Textpassage, die später vorgelesen wird, auf S. 48.

erlebt der Mensch etwa dreieinhalb Tage lang in diesem Riesen-Lebenstableau lauter Bilder, Erinnerungsbilder. Dann verschwindet das Ganze im Kosmos. Und er fängt an, ein Drittel des Lebens – wenn ein Mensch mit neunzig gestorben ist, dreißig Jahre lang – rückläufig vom Tod bis zur Geburt all das zu erleben, was die anderen anhand seiner Taten erlebt haben. Das ist die Seelenwelt. Da ist noch keine Möglichkeit, das objektive Geistige zu erleben.

Der Mensch muss mit seinem ganzen Leben rückläufig bis zur Geburt ins Reine kommen. Für einen 90-Jährigen dauert dies dreißig Jahre lang. Und es wird wirklich rückläufig alles erlebt, was man verschlafen hat. Was hat man während des Lebens erlebt? Man hat dasjenige erlebt, was man selbst erlebt hat. Und was hat man nicht erlebt? Was erleben wir während des Lebens nicht? Jeder von uns erlebt dasjenige nicht, was der andere anhand von ihm erlebt. Das heißt, die Hauptbeschäftigung der Toten ist, dass sie jetzt rückläufig all das erleben, was die anderen Menschen anhand ihres Tuns erlebt haben.

Und wie ist es dem Verstorbenen zumute? Man geht zurück: Ah, da mit achtzig Jahren oder mit fünfzig Jahren, mit dreißig Jahren habe ich einen Menschen sehr verletzt. Ich habe einem Menschen geschadet. Was entsteht in der Seele als Impuls? Ich will das ausgleichen. Ich muss das ausgleichen. Das ist wie ein Loch in mir und es ist mir unerträglich, mit diesem Manko dazustehen. Ich will alles tun, um das auszugleichen.

Wie wird das ausgeglichen? Nicht im Wolkenkuckucksheim. Ich muss dafür sorgen, dass ich auf der Erde wiederum dem Kerl entgegentrete, dem ich geschadet habe, um ihm jetzt Liebe zu erweisen. Das kann nur auf der Erde geschehen. Und wer sorgt dafür, dass die zwei Menschen sich wiederum treffen? Das ist ein schwieriges Kalkül, wer wen im Leben trifft.

Ist das Zufall? Wenn es nicht Zufall ist, dann müssen wir Engel, Erzengel und Zeitgeister und Geister der Form, der Bewegung, der Weisheit (s. Engel-Hierarchien S. 191) heranziehen, dass sie das Weltgeschehen und das Naturgeschehen so gestalten, dass 700 Jahre später diese zwei

Menschen sich wiederum treffen. Können Sie so etwas zustande bringen? Sie sind ein bisschen überfragt.

Teiln.: Ich kann viel, aber das nicht.

P. Archiati: Ich auch nicht.

Teiln.: Darf ich Sie etwas fragen? [...] Ein Elternteil ist gerade am zweiten Weihnachtsfeiertag gestorben. Also wir haben gerade letzte Woche das Begräbnis gehabt. Und wenn Sie sagen, diese dreieinhalb Tage [unv.]

P. Archiati: Vor wie vielen Jahren? Jetzt?

Teiln.: Das hat schon gepasst zu dem (Thema).

P. Archiati: In welchem Alter?

Teiln.: Mit über siebzig Jahren. Er ist schön gegangen. Sie sagen dreieinhalb Tage ist der Verstorbene beschäftigt, sein Leben anzuschauen.

P. Archiati: Die ganzen Bilder des Lebens. Dann ist das alles weg.

Teiln.: Ich hoffe, ich sprenge nicht den Rahmen hier.

P. Archiati: Nein.

Teiln.: Er war einige Kilometer von uns weg, wo er gestorben ist in der Nacht [unv.]. Dann haben sie mich angerufen, also meine Frau war am Telefon. Wir haben mehrere Kinder, und wir haben alle benachrichtigt und meine anderen Geschwister wurden angerufen und dann waren wir da alle beieinander. In der Früh um vier Uhr war es dann. Das war ganz gut, das war eine ganz ruhige Zeit. Und auf einmal sagt meine Frau, wir sind alle da um den Verstorbenen herumgestanden, und auf einmal sagt meine Frau, also sie möchte sich im Namen von dem Verstorbenen bei allen bedanken, dass wir da sind. Und da wollte ich Sie jetzt fragen, wie passt das alles zusammen? Der Verstorbene ist damit beschäftigt, dass er sein Leben anschaut, nimmt aber trotzdem oder die Seele, ich weiß nicht, wie man da sagt, das wahr, was da um seinen Leichnam herum passiert. Also das ist alles möglich, oder?

P. Archiati: Ja, das ist alles möglich.

Teiln.: Und die Beerdigung war, weil da der Feiertag war, erst vier Tage später. Aber meine Kinder und meine Frau haben gesagt, also da mit dem Requiem, mit der Beerdigung, haben sie gesagt, der Verstorbene war noch da. Also das dauert dann unter Umständen auch ein bisschen länger, bis er weitergeht, oder?

P. Archiati: Also es ist nicht so, dass der Verstorbene nur das eine machen kann. Jeder Mensch kann mehrere Dinge gleichzeitig machen. Sie sind dabei, eine Mauer mit Ziegelsteinen zu bauen wie in der alten Zeit, können Sie nicht gleichzeitig ein bisschen gucken, verfolgen, was die anderen machen? Das können Sie machen. Das geht gleichzeitig. Das heißt, er ist beschäftigt mit diesen ganzen Bildern seines Lebens, aber er hat ein Auge auch dafür, was da passiert. Das geht gut zusammen.

Also die Gesamtaussage ist, dass sich das Bewusstsein nach dem Tod erweitert. Also er kann natürlich mehr und mehr Dinge überblicken und verschiedene Dinge verfolgen. Die Hauptbeschäftigung aber in den ungefähr dreieinhalb Tagen nach dem Tod ist, dass diese Riesenfülle von Bildern, die ganzen Bilder seines Lebens, da sind. Und dazu gehören natürlich auch die Zurückgebliebenen. Und dadurch, dass sie da in diesen Bildern sind, guckt er auch, was sie da jetzt gerade machen.

Teiln.: Ja, meine Frau hat gesagt, er ist da, er ist auch dabei.

P. Archiati: Ja, das ist ein sehr gesundes Empfinden.

Also, wir lesen ein paar Absätze zusammen, Seite 58:[11]

> «Und man erlebt von der anderen Seite»

– also der Verstorbene, der sein Leben rückläufig durchlebt –

> «all das wieder, was man hier im physischen Leben durchlebt hat. Aber nicht so erlebt man es, wie man es hier in der physischen Welt durchlebt hat, sondern man erlebt es auf moralische Weise.»

Ein moralisches Durchleben, also die ganzen moralischen Qualitäten. Welchen Menschen hast du geholfen, welchen Menschen hast du

11 Rudolf Steiner, *Mit den Toten leben* (Bad Liebenzell 2019, 2. Auflage), S. 48-50. Pietro Archiati hat aus der 1. Auflage vorgelesen. Hier wird die 2. Auflage zitiert.

geschadet? Welche Menschen hast du geliebt, welche Menschen hast du versäumt zu lieben und so weiter?

> «Wenn man an einem bestimmten Zeitpunkt zwischen Geburt und Tod jemandem eine Verletzung zugefügt hat, hat man in sich das gespürt, was man getan hat, aber nicht das Leid, das der andere empfunden hat.»

Denn man war ja nicht der andere, das geht auch nicht, dass man direkt das Leid empfindet, das der andere im Leben empfindet. Man hat damals nicht das Leid empfunden, das der andere empfunden hat. Aber jetzt im rückläufigen Durchleben des Lebens:

> «Jetzt erlebt man dieselbe Sache wieder, aber nicht das, was man in sich selbst an Zorn oder Antipathie erlebt hat,»

Denn das hat man schon durchlebt während des Lebens.

> «sondern so, wie der andere es erlebt hat.»

Wenn wir die Frage stellen oder ein Katholik oder ein Protestant die Frage stellt: Was machen die Toten?, ist allein diese Zeile eine gewaltige Antwort. Sie beschäftigen sich, zumindest ein ganzes Stück gleich nach ihrem Tod – ein Zeitraum, der ein Drittel ihres Lebens beträgt –, rückläufig ganz gründlich mit ihrem Leben und sie erleben alles selbst, was sie an Erlebnissen bei den anderen verursacht haben.

Und jetzt sagt sich eine Tochter, ein Sohn: Meine Mutter ist vor fünf Jahren gestorben. Was erlebt sie jetzt? Unter anderem erlebt sie all das, was sie in mir an Erlebnissen verursacht hat. Die Aussage ist ganz gewaltig. Die Mutter kommt jetzt an den Punkt, wo ich zwanzig Jahre alt war, sie war vielleicht 45, wo sie mich ganz gründlich im Stich gelassen hat, zum Beispiel. Jetzt erlebt sie als toter Mensch, als Verstorbene, all das, was ich – vielleicht auch tragisch – durchlebt habe, wie ich gerungen habe.

Wenn ich darum weiß und jetzt mit meiner verstorbenen Mutter reden will, und ich weiß, sie macht das durch, was ich erlebt habe, kann ich daran anknüpfen: Mutter, jetzt verstehst du, was ich durchgemacht habe, weil du das jetzt selbst erlebst. Ich weiß, dass du die Sehnsucht hast, die tiefste Sehnsucht, dass wir wieder zusammen auf der Erde sind. Und wir kommen uns wieder entgegen, und du hast in dir den eisernen Willen, den Liebeswillen, das auszugleichen.

Um diesen Egoismus, den du mir entgegengetragen hast, auszugleichen, schaffst du jetzt in dir den Willen, so viel Liebe mir entgegenzubringen. Und wenn ich diesen Willen in dir sehe, der in dir entsteht, weil du selbst durchmachst, was ich durchgemacht habe, jetzt kann ich dir verzeihen. Der Wille zum karmischen Ausgleich ist die Grundlage des Verzeihens.

Merken Sie, dass die Geisteswissenschaft ganz neue Beiträge dadurch gibt, dass wir Erkenntnis über die Dinge erringen? Ich habe dieses Beispiel genommen, weil ich viele Töchter kennengelernt habe, die sich mit ihrer Mutter schwergetan haben. Das ist auch in Ordnung. Also das Miteinander wird immer komplizierter.

Aber wenn die geistige Erkenntnis dazukommt, das heißt die Tochter, die zurückgeblieben ist, erkennt immer mehr und weiß, die Mutter kommt an den Punkt, wo sie wirklich so egoistisch gewesen ist, dass sie die Tochter im Stich gelassen hat. Und die Tochter weiß, dass dann die Mutter ganz gründlich in sich selbst erlebt, was sie erlebt hat. Und jetzt kann sie der Mutter verzeihen.

Und das erzeugt in ihr den Willen, im nächsten Leben wiederum aufeinander zuzugehen, um das auszugleichen, jeden Akt des Egoismus mit einer Tat der Liebe auszugleichen. Und die Tochter kann jetzt sagen: Mutti, die Welt ist in Ordnung. Das nächste Mal wirst du mehr Kräfte haben, um nicht in der Liebe zu versagen, weil dir das hilft. Und was dir hilft, ist die Chance, die du bekommst, jetzt in dir selbst zu erleben, was ich erlebt habe.

Ich will nur sagen, liebe Freunde, erstens haben wir kaum Menschen, die diese Dinge lesen, aber die, die sie lesen, überlesen sehr oft die Dinge. Wir müssen lernen, wir brauchen Menschen, die wirklich sich Zeit nehmen, um innezuhalten und darüber zu meditieren. Moment mal, was lese ich?

> «Wenn man an einem bestimmten Zeitpunkt zwischen Geburt und Tod jemandem eine Verletzung zugefügt hat, hat man in sich das gespürt, was man getan hat, aber nicht das Leid, das der andere empfunden hat. Jetzt erlebt man dieselbe Sache»

– als Verstorbene –

> «dieselbe Sache wieder, aber nicht das, was man in sich selbst an Zorn oder Antipathie erlebt hat, sondern so, wie der andere es erlebt hat.»

Es ist gewaltig.

> «Man breitet sein eigenes Erleben auf die Wirkungen seiner Taten aus, die da waren zwischen Geburt und Tod.»

Auf die Wirkungen im anderen.

> «Man lebt sich in alle Wirkungen seiner Taten hinein.
>
> Das ist die Grundlage des Lebens zwischen dem Tod und einer neuen Geburt, dass man sich während des Lebens in der Seelenwelt nach und nach in das hineinlebt, was man zwischen Geburt und Tod bewirkt hat, dass man in dieses allmählich untertaucht. Wie man sich hier von Kindheit an nach und nach in die Natur hineinlebt,»

Wo leben wir uns hier hinein, wenn wir geboren werden? In die Welt der Natur, in die physische Welt, in die wir hineinleben.

> «Wie man sich hier von Kindheit an nach und nach in die Natur hineinlebt, wie man die Natur wahrnehmen und verstehen lernt, so lebt man sich in der Zeit nach dem Tod in die Wirkungen seiner eigenen Taten, in die Wirkungen seiner eigenen Gedanken und Worte, kurz in die gesamte *Welt der Wirkungen* hinein. Man strömt aus in die Welt der Wirkungen.

> Aus diesem Untergrund tauchen schon geistige Wesen nach und nach auf, die Wesen der höheren Engelhierarchien und die Wesen der Elementarwelt.»

In der Natur.

> «So wie hier auf dem Boden der Natur Tiere, Pflanzen, Mineralien auftauchen, so tauchen innerhalb dieses Zurückerlebens, wo wir in die Wirkungen unserer Taten eintauchen, die Wesen der geistigen Welt auf. Das ist dann der Grundboden unserer Welt.»

Also, stellen wir jetzt die Frage nochmals: Was sagen uns die Toten aufgrund dessen, was ich gerade gelesen habe? Sie sagen uns: Lieber Mensch, pass auf, gib acht! Alles, was du sagst, alles was du tust, alle Gedanken, die du denkst, das hat alles Wirkungen auf dic anderen. Das wirkt in der Welt. Und du wirst das alles selbst nach dem Tod erleben. Sei bedacht auf das, was du sagst, auf das, was du tust. Gucke genauer, wie das bei den anderen wirkt. Was du tust, das wirst du selbst erleben.

Machen Sie das Leben einem armen Redner schwierig, das werden Sie nach dem Tod selbst erleben. Er scheint das zu genießen. Wir machen eine Pause, und dann kommen Sie zu Wort.

Teiln.: Ja, meine Frage ist, ganz kurz gefasst, und zwar ich habe schon lange das Problem zu verstehen, denn Sie sprechen davon, dass man mit dem Tode die Zeit [unv.] dass wir aus der Zeit herauskommen. Aber jetzt kommen immer wieder Angaben, Zahlenangaben, dreieinhalb Tage oder ein Drittel des Lebens und so weiter. Die Frage, die beschäftigt mich schon lange [unv.] dass zu dem Todeszeitpunkt die Zeit aufhört und trotzdem werden Zeitangaben gemacht.

P. Archiati: Eine wichtige Frage. Ich gebe eine vereinfachte Antwort im Sinne einer Anregung. Also es ist vereinfacht gesagt, nicht dass Sie dann kommen und sagen: Ja, aber es ist doch viel komplizierter.

Wir haben die «physische Welt» (s. Zeichnung). Und ein Urphänomen der physischen Welt ist die sinnliche Wahrnehmung. Dann gibt es zwei andere Welten. Man könnte es noch komplizierter machen. Eine «Seelenwelt». Und ein Urphänomen der Seelenwelt ist das Erleben. Es wird etwas erlebt. Erleben oder Gefühl.

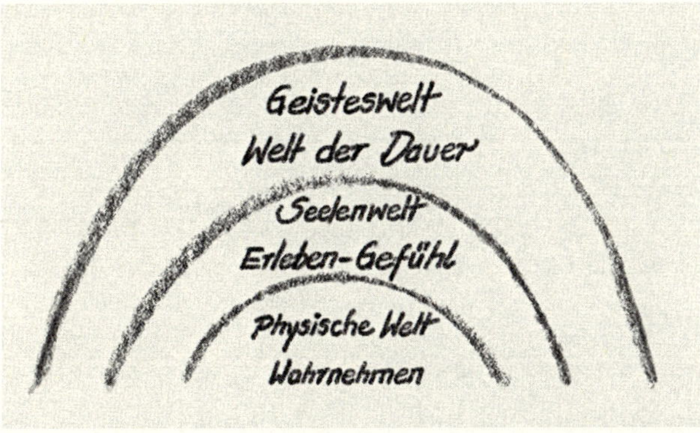

Und jetzt ist die Frage, wo Seele, die Innerlichkeit der Seele, erlebt wird, wo ein Erlebnis ist, wo ein Gefühl ist, ein Gefühl der Freude, des Ärgers, der Wut, des Neides, spielt die Zeit da eine Rolle? Jawohl! Denn die Wut fängt an und irgendwann endet sie. Und ein Drittel der Lebensdauer wird in der Seelenwelt durchlebt. Die Zeit hat da noch eine ganz wichtige Rolle zu spielen.

Erst dann kommt man in die geistige Welt hinein. Ich schreibe hier «Geisteswelt» (Tafel). Und diese Welt ist jenseits von Raum und Zeit. Aber nur der Geist, nicht die Seele.

Ein Beispiel, wo es überdeutlich ist, dass alles seelisch Erlebte mit der Zeit zu tun hat, ist, dass wir sagen, wenn etwas interessant ist: Das ist kurzweilig. Und wenn etwas nicht interessant ist, sagen wir: Das ist langweilig. Es weilt lange. Aha, wann kommst du endlich mal zu Ende? Oder kurzweilig. Das hat wesentlich mit der Zeit zu tun.

Hat der Mensch die ganze Seelenwelt durchmessen, kommt er in die geistige Welt hinein. Das ist nicht die Welt des Ewigen, weil das Ewige ein falscher Begriff ist. Ich habe ja gesagt, ewig kommt von Äon, also wiederum die Zeit. Man nennt das (die geistige Welt) in der Geisteswissenschaft «die Welt der Dauer».

Frage: Wie überwindet man die Zeit? Dadurch, dass das geistige Bewusstsein so umfangreich ist, dass die ganze Entwicklung in der Zeit von Anfang bis Ende gleichzeitig ist. «Gleich-zeitig». Was heißt gleichzeitig? Geistesgegenwärtig. Das heißt, das menschliche Bewusstsein lebt in der Zeit, weil es sich Inhalte einen nach dem anderen erringt.

Das göttliche Bewusstsein lebt jenseits der Zeit, weil es gleichzeitig alles parat hat. Es gibt kein «Noch-nicht» oder «Vergessenes». Es ist alles gleichzeitig da. Wo in der göttlichen Geistesgegenwärtigkeit des Bewusstseins alles dauerhaft vorhanden ist, das ist jenseits der Zeit, überzeitlich. Was für uns nacheinander erfolgt, ist für das göttliche Bewusstsein gleichzeitig da.

Jetzt nehmen wir das Beispiel, das ich immer gebracht habe: Zwei Eltern planen ein Wochenende mit den kleinen Kindern. Jetzt sind wir am Samstag. Ist der Montag für die Kinder schon da? Nein, sie haben keine Ahnung vom Montag. Ist der Montag im Bewusstsein der Eltern schon da? Jawohl.

Das heißt, der Übergang von der Zeit zum Überzeitlichen besteht in der Erweiterung des Bewusstseins. Und das göttliche Bewusstsein hat die ganze Zeit gegenwärtig. Tolle Sache. Und wir sind kleine Kinder.

Wir erringen die Dinge nacheinander. Wobei: das sind jetzt Abstraktionen. Denn sich den Unterschied durch den Vergleich mit den Eltern und den Kindern vorzustellen, ist etwas ganz anderes, als sich einzubilden, man hätte schon das göttliche Bewusstsein.

Wir können verstehen, dass dadurch, dass wir in der Zeit leben, wir uns immer bewusster machen, was es heißt, in der Zeit zu leben. Und wir prägen den Begriff, dass es eine Art von Bewusstsein der Welt der Dauer geben muss, einer Dauer, die jenseits der Zeit ist.

Ist die Zeit geschaffen worden? Sie muss geschaffen worden sein. Denn dieses göttliche Bewusstsein muss die ganze Entwicklung entworfen haben. Und diese ganze Entwicklung in der Zeit ist das Erschaffen der Zeit. Und dieses Erschaffen der Zeit der Entwicklung ist zugleich der Raum der Entwicklung. Es wird der Entwicklung des Menschen Raum gegeben. Raum und Zeit.

Aber das göttliche Bewusstsein schafft das: «Es sei die Entwicklung», und fasst den Anfang und das Ende ins Auge, weil es überzeitlich ist, jenseits der Zeit.

Teiln.: Wenn der Tote dann doch von Planetensphäre zu Planetensphäre geht und irgendwann beschließt, wieder auf die Erde zurückzukommen, dann ist das [unv.]

P. Archiati: Also, das kompliziert ein bisschen die Sache. Aber nur eine leise Komplizierung, sonst kommt man sofort durcheinander. Der Mensch durchlebt rückläufig nochmals das ganze Leben. Er erlebt alles, was die anderen erlebt haben, was er sich nicht bewusst gemacht hat.

Jetzt kommt er in die geistige Welt, aber er hat weiterhin die Seele. Das heißt, er erlebt die geistige Welt. Und dadurch, dass er die geistige Welt erlebt, bleibt er in der Zeit. Dadurch, dass er das Geistige denkt, kommt er außerhalb der Zeit.

Das heißt, was das Ganze kompliziert, ist, dass eigentlich der Mensch in der Geisteswelt nach dem Tod hin- und herschwebt zwischen Zeit und Ewigkeit. Als Geist hat er Anteil an dem Überzeitlichen, aber als Seele erlebt er alles in der Zeit. Und jetzt geht er durch die Mondsphäre. Also wo die Seele, das Seelische erlebt wird, da ist die Mondsphäre. Dann kommt der Merkur. Merkur ist das Moralische. Dann kommt die Venus, die religiösen Erfahrungen des Lebens. Dann kommt die Sonne, das Menschheitliche. Dann kommen Mars, Jupiter und Saturn.

Saturn, das nennt Steiner die Mitternachtsstunde des Daseins. Das ist die Mitte zwischen Tod und neuer Geburt. Dadurch, dass er von Mitternachtsstunde des Daseins redet, redet er vom Zeitlichen, wie Sie zu Recht gesagt haben. Nur ist das Erleben der Zeit an diesem Höhepunkt, in der Saturnsphäre, in der Mitte zwischen Tod und nächster Geburt – hier war der letzte Tod und hier bereitet jetzt der Mensch die nächste Geburt vor (Tafel) –, ein ganz anderes als das Erleben der Zeit, das wir in der physischen Welt haben.

Das heißt, wenn man da in die Mitte kommt, dann ist das die Entscheidung, wieder in die Zeit hineinzutauchen, weil nur in dem Strom der Zeit durch das nächste Leben die karmischen Ausgleiche und die weitere Entwicklung in Anspruch genommen werden.

Wenn ich mich weiterentwickeln will, muss ich in den Strom der Zeit auf der Erde wiederum eintauchen. Das heißt, hier ist der höchste Punkt der Wechselwirkung, der Berührung zwischen Zeit und Dauer. Und da ist auch die Versuchung, dass der Mensch sich sagt: Mensch, es wäre so schön hierzubleiben. Aber dann taucht er wieder «nach unten».

Teiln.: Habe ich das richtig verstanden, dann kommt er gar nie ganz in die geistige Welt?

P. Archiati: Gut, das haben Sie jetzt mit Ihren Worten gesagt, man kann es verstehen. Was wollen Sie damit sagen, übersetzen Sie das auf Deutsch. Was wollen Sie damit sagen?

Teiln.: Ich wollte sagen oder war seither der Meinung, dass wir in jeden Bereich reinkommen, wenn wir in der geistigen Welt sind, also erst in die Seelenwelt und dann auch ganz, ganz in der Geisteswelt sind, also die Verbindung zur Seelenwelt dann irgendwann aufhört. Das wollte ich eigentlich sagen.

P. Archiati: Nein, wenn die Verbindung zur Seelenwelt aufhören würde, wäre der Mensch weg. Also, was Sie sagen wollen, ist: Wenn der Mensch ein Engel wäre, wäre er ein reiner Geist. Wie ein reiner Geist sich fühlt, wie ein reiner Geist lebt, das wissen wir nicht. Der Mensch ist strukturell, per Natur, ein verkörperter Geist. Das heißt, er hat entweder die Erinnerung an die letzte Verkörperung oder er plant die nächste Verkörperung.

Das heißt, der Bezug auf diesen Strom der Zeit in der Welt der Körper, in der Welt der Materie gehört zur Natur des Menschen als verkörperter Geist. Solange der Mensch auf der Menschenstufe ist – wenn er zur Engelstufe emporsteigt, dann besteht eine ganz neue Beziehung zwischen diesem reinen Geist und der Welt der Ewigkeit oder der Dauer –, aber solange der Mensch durch die ganze Erdentwicklung ein verkörperter Geist ist, bleibt die Beziehung zur physischen Welt von Raum und Zeit strukturell bestehen. Sonst würde er aufhören, ein Mensch zu sein.

Also hier (Tafel) in der ersten Hälfte zwischen Tod und neuer Geburt die Erinnerung, die Bilanzziehung. Aber diese Erinnerung ist eine gewaltige Verbindung mit diesem Strom der Zeit und des Raumes. Und die zweite Hälfte ist das Planen des nächsten Lebens hier auf der Erde wiederum in der Welt von Raum und Zeit.

Teiln.: [unv.]

P. Archiati: Das Problem ist, dass wir Dinge, die sehr komplex sind, zu sehr vereinfachen. Also der Unterschied ist, dass Seele die Mitte ist, die Vermittlung zwischen Geist und Körper. Und im Leben auf der Erde steht die Beziehung zwischen Seele und Körper im Vordergrund. Im Leben nach dem Tod, weil der Körper weg ist, steht die Beziehung zwischen Seele und Geist im Vordergrund.

Aber der Mensch ist immer Seele. Also das Zentrum des Menschen ist immer die Seele. Entweder ist die Seele mehr in Beziehung zur physischen Welt, oder diese Seele ist mehr in Beziehung zur geistigen Welt. Oder es ist ein Gleichgewicht zwischen Geist, Seele und Leib. Aber das

Zentrum des Menschen ist immer die Seele. Und Seele ist nicht Geist. In der Seele, im Seelischen, ist der Bezug auf Raum und Zeit unbedingt notwendig.

Nur, diese Seele erlebt zwischen Tod und neuer Geburt wesentlich mehr den Geist, und zwischen Geburt und Tod erlebt diese Seele wesentlich mehr den Körper, immer abwechselnd. Aber Seele ist der Mensch. Und das seelische Erleben des Menschen ist ein Erleben in der Zeit. Und, im Grunde genommen, nach dem Kamaloka, nach dem Fegefeuer, nach dem Drittel des Lebens, heißt es, die Beziehung der Seele zur körperlichen Welt ist fast null.

Aber der Mensch bleibt Seele. Und jetzt entsteht die Beziehung der Seele zur geistigen Welt. Aber der Mensch ist in der geistigen Welt als Seele, nicht als reiner Geist. Das ist er nicht, der Mensch ist nicht ein reiner Geist. Das heißt, er erlebt seelisch-menschlich den Geist. Das heißt, er erlebt den Geist in Bezug auf das, was er aus diesem Geist für das nächste Leben macht und was dieser Geist an Entwicklungsschritten für das nächste Leben in Raum und Zeit wiederum ermöglicht.

Also man muss immer gucken, dass man die Dinge nicht zu sehr vereinfacht. Dann entstehen Abstraktionen, mit denen man die Komplexität der Dinge nicht mehr erklären kann. Denn es wäre, wie wenn jemand sagen würde: Erkläre mir, aber ganz schlicht und einfach, wie ein Kind heranwächst. Es ist äußerst kompliziert und trotzdem ist es wahr. Man kann nicht schlicht und einfach mit einem Wort erklären, was der Mensch nach dem Tod, was die Toten durchleben. Es ist sehr kompliziert, es ist nicht weniger kompliziert als unser Leben.

Aber solange der Mensch Mensch ist, ist der Bezug zu Raum und Zeit in der Natur des Menschen. Sonst wäre er ein reiner Geist. Aber auch reine Geister, die Engel, haben zum Beispiel eine Seele. Aber das sind jetzt Andeutungen, Anregungen, wenn Sie wollen. Als Schema sind sie nur Abstraktionen, aber Sie können sie so nehmen: Wir haben drei Hierarchien (s. Engel-Hierarchien S. 191). (Tafel) Wir haben

Engel,
Erzengel und
Zeitgeister oder Archai.

Dann haben wir – schauen Sie, ich gebrauche dasselbe Schema von vorher –, dann haben wir

Geister der Form,
Geister der Bewegung und
Geister der Weisheit.

Die drei in der Mitte. Und dann haben wir

Throne,
Cherubim und
Seraphim.

Also, Engel, Erzengel und Zeitgeister sind die drei, die am meisten einen Bezug zur physischen Welt haben, wo der Mensch ist. Die Throne, Cherubim, Seraphim sind diejenigen, die am meisten zum göttlichen Geist – und nur der göttliche Geist ist reiner Geist – einen Bezug haben. Und die da sind in der Mitte (gemeint sind die Geister der Form, der Bewegung und der Weisheit). Also wiederum dieselbe Struktur. Das heißt, es wird kompliziert.

Denn damit ist nicht gesagt, dass Throne, Cherubim und Seraphim reine Geister sind. Reiner Geist ist nur die Trinität. Aber sie sind diejenigen, die unmittelbaren Bezug zur Trinität, zur göttlichen Trinität haben. Und das sind im Grunde genommen Orientierungen. Wenn man nur das hat, hat man nur ein Schema. Aber man kann es als Orientierung gebrauchen.

Denn damit ist gesagt, dass der Schutzengel, wie soll ich sagen, zusammen mit dem Menschen, mit dem Christus, mit dem Sonnengeist, die ganzen Lebensläufe entwirft. Also die Aufgabe des Schutzengels ist, die Zusammenhänge herzustellen, also hier: Leben 1 vom Menschen,

Leben 2, Leben 3, Leben 4, Leben 5. Wer plant die Folgerichtigkeit, dass etwas Gescheites daraus wird? Das ist der Schutzengel. Ist das nicht ein gewaltiger Bezug zur Welt von Raum und Zeit durch die Liebe zum Schützling, zum geschützten Menschen.

Ein Erzengel plant die ganze Entwicklung eines Volkes. Aber die Entwicklung eines Volkes geschieht nicht im Wolkenkuckucksheim. Sie geschieht in Raum und Zeit. Ein Erzengel muss sich damit befassen, wie Grund und Boden für ein Volk aussehen muss. Das ist ein gewaltiger Bezug zu Raum und Zeit.

Wenn wir bei den Thronen, Cherubim und Seraphim sind, sehen wir sie nicht zu dieser Welt von Raum und Zeit gewendet, sondern sie gucken auf die Entwicklungsziele, die die Gottheit, die Trinität, entwirft. Und dann werden sie (die Entwicklungsziele) übertragen auf die mittlere Hierarchie (Geister der Form, der Bewegung und der Weisheit). Sie arbeiten das aus. Also hier die Arbeiten des Karmas. Und hier die drei unteren (Engelhierarchien) sind für die «Auswirkungen» des Karmas zuständig. Also Geister der Weisheit, Geister der Form und der Bewegung sind die Architekten des Karmas. Und Zeitgeister, Erzengel und Engel sind …

Teiln.: Maurer.

P. Archiati: Maurer. Das ist ganz wichtig. Denn es ist ein anderes, die Naturkräfte so zu prägen, dass das Karma möglich gemacht wird. Denn das Haus im Architektenbüro ist ein mögliches Haus, aber noch kein richtiges Haus. Und ein anderes ist es, dafür zu sorgen, dass dieses mögliche Karma dann real gemacht wird. Das wird ausgeführt von Engeln, Erzengeln und Zeitgeistern. Die Welt ist kompliziert.

Teiln.: Das ist nicht kompliziert. Das ist dasselbe wie mit einem Haus.

P. Archiati: Ein bisschen weniger kompliziert. Und jemand, der sich nicht auskennt, kennt die Komplexität nicht. Das heißt, die Geisteswissenschaft ist wirklich eine Wissenschaft, ist ein Studium. Ich habe immer gesagt, über die irdische Welt, die materielle Welt, haben wir inzwischen hunderte von Wissenschaften, so kompliziert ist die materielle Welt.

Schätzen Sie, dass die übersinnliche Welt, die Welt des Seelischen und die Welt des Geistes, weniger kompliziert ist? Sie ist wesentlich komplizierter. Also es gibt einiges zu tun im Studium der Geisteswissenschaft. Aber es lohnt sich, weil man sich immer besser auskennt.

Teiln.: Die materielle Welt ist nicht so kompliziert, der Mensch macht sie kompliziert. Es ist doch einfach. Wenn man mit der Natur leben würde, die gibt einem alles vor eigentlich. Die gibt einem vor, wann man schlafen muss, wenn es dunkel wird. Aber was machen wir? Wir machen das Licht an.

P. Archiati: Gut, aber Sie sagen, die Welt der Natur ist einfach. Sagen sie mir, wie eine Birke zustande kommt! Ist das einfach? Es ist äußerst kompliziert.

Teiln.: Die Birke macht das selber oder das Göttliche. Das ist nicht meins. Normal, wenn ich die so lasse, dann kommt der Samen rein und dann wächst die Birke. Da brauche ich nichts machen. [unv.] Das ist das Einfachste von der Welt.

P. Archiati: Und Sie meinen: Was brauche ich diese Geisteswissenschaft, die alles, was da in der Birke geschieht, ergründet?

Teiln.: Nein, nein, das sage ich nicht. Nur weil Sie gesagt haben, die Natur ist kompliziert, ich glaube, so war's. Die Natur an sich ist nicht kompliziert. Wie das nach oben ausschaut, das ist kompliziert, das stimmt schon. Dass das so funktioniert, das stimmt schon, dass da etwas da ist, sonst würde es nicht gehen.

Aber an sich ist es einfach. Wir sollen schlafen, wenn es dunkel wird. Wir sollen schaffen, wenn es hell ist. Wir sollen essen, wenn wir einen Hunger haben. Und sollen uns aber auch Zeit nehmen zu dem Essen und nicht nur nebenbei etwas reinschieben.

P. Archiati: Ich staune, wie gut Schwäbisch ich verstehe. Sehen Sie, so einfach ist das alles. Jetzt nehmen wir an, jemand will – das ist nicht Ihr Bereich, aber man kann sich darüber unterhalten – ein Konzert, eine Symphonie (erleben oder komponieren). Soll sie ganz einfach sein, ein paar Töne und Schluss aus, oder kompliziert?

Teiln.: Es gibt manche Leute, für die es recht einfach sein muss, und es gibt manche Leute, wo es kompliziert sein muss. Also ich gehöre zu denen, wo es vielleicht ein bisschen einfacher (sein muss). Also eine Blasmusik oder so was. Die Musik muss so sein, dass sie meine Seele berührt.

Und die Musik wirkt nicht bei allen gleich. Also man braucht wahrscheinlich verschiedene Musik, dass die Seelen berührt werden. Meine Seele wird von einer anderen Musik berührt als wie Ihre. Und das ist aber wichtig, dass die Seele berührt wird. Dann kann es einfach sein, dann kann es kompliziert sein wahrscheinlich.

Darf ich noch etwas sagen, mir fällt gerade noch etwas ein. Bei der Beerdigung von einem Elternteil von mir hat man das Lied gesungen, ich hab das vorher nicht gekannt, der Kirchenchor hat das gesungen: «Ausruhen sollst du».

P. Archiati: «Ausruhen sollst du»?

Teiln.: Ja. Bis zu dem Moment, was Sie darüber gesagt haben, hat mir das Lied eigentlich gut gefallen.

Teiln.: Heute Vormittag haben wir erfahren, dass die Verstorbenen auch Freude haben, dann, wenn wir an sie denken. Und da musste ich dann an die Aussage von heute Vormittag denken. Wenn man so im normalen Familienkreis, bei Geschwistertreffen über die Eltern oder einen verstorbenen Geschwisterteil spricht, muss man dann, oder sollte man dann die gleichen, ja doch recht hohen Ansprüche stellen, dass man A diese Charakteristika eines Verstorbenen sich vergegenwärtigt, und muss ich dann auch im Sprachgebrauch wirklich darauf achten, dass ich die Begriffe des Verstorbenen treffe? Oder bedeutet das letztendlich: Schön ist für den Verstorbenen, wenn ich allein diese anspruchsvolle Arbeit leiste und ich kann zusätzlich mit den Geschwistern mich halt über die Mutter, den Vater und so weiter unterhalten?

P. Archiati: Eine wichtige Frage, auch für das Totengedenken. Nehmen wir den Gedanken von heute Nachmittag. Der Verstorbene durchlebt sein Leben rückläufig und er erlebt, der Vater oder die Mutter, was diese Tochter, was dieser Sohn mit ihm, mit ihr erlebt hat.

Ist das schlimm für den Verstorbenen? Nein, er erlebt das mit Dankbarkeit. Ich habe das Beispiel gebracht, ich habe etwas Schlimmes meiner Tochter angetan und jetzt nach dem Tod erlebe ich, was die Tochter durchgemacht hat, was die Tochter erlebt hat.

Und der Verstorbene ist dankbar, weil der Verstorbene weiß: Ein Glück, dass ich das jetzt so erleben kann, denn jetzt weiß ich, wie ich das Karma haben will, sodass das nächste Mal wir uns wiederum treffen und ich das wiedergutmachen kann. Also der Verstorbene erlebt das von der positiven Seite. Auch die Versäumnisse sind Anlass, um das nachzuholen. Das ist doch schön.

Wie wird dieser Besinnung am besten geholfen? Indem die Kinder hier in der physischen Welt zusammenkommen und jeder erzählt Typisches, was er anhand der Mutti oder anhand vom Papa erlebt hat. Das kommt unmittelbar an. Denn das ist das, was sie jetzt erleben. Das ist das Schönste, was man ihnen geben kann.

Und jetzt erzählt eine Tochter den Geschwistern: Damals war ich wirklich verzweifelt. Und die Mutter hätte mir ein bisschen Geld geben können, denn ich war wirklich verzweifelt. Ich hatte kein Geld. Ich konstruiere diesen Fall. Es kann ihn geben. Ich habe drei Tage nur geweint. Die Mutter muss an dem Punkt dieses Weinen selbst erleben.

Wenn das den Geschwistern erzählt wird, dass diese Tochter das erzählt, was sie da durchgemacht hat, dass sie geweint hat, das hilft der Mutter, weil die Mutter das selbst jetzt durchleben muss. Und das hilft ihr, den eisernen Willen zu fassen, das nächste Mal diese drei Tage Weinen in drei Tage der Dankbarkeit zu verwandeln.

Es leuchtet unmittelbar ein. Das ist das Schönste, denn das ist gerade das, was sie (die Verstorbenen) im Rückwärtsdurchleben des Lebens suchen zu erleben. Was hast du, Tochter, durchgemacht, was hast du erlebt? Mutti, ich habe drei Tage nur geweint. Und indem die Geschwister sich das erzählen, hilft das dem Verstorbenen.

Denn irgendwann kommen sie an den Punkt und dann werden sie sich daran erinnern: Ah, das haben sie unter sich erzählt und das hilft mir jetzt. Ich kann es kaum glauben, dass sie drei Tage nur geweint hat, aber das hat sie ja gesagt. Und das hilft der Mutter. So real ist das, denn die drei Tage Weinen waren ja real, gewaltig. Und es ging nur darum, dass die Mutter, meine Güte, 100 Euro gibt, um das zu überbrücken. Das Leben besteht aus diesen Dingen.

Im anderen Fall, die Mutter war zu schwach, hat sich wieder erpressen lassen, hat die 100 Euro gegeben. Es wäre besser gewesen, wenn sie sie nicht gegeben hätte. Das gibt es auch. Aber diese Weisheit, diese klare, begierdenfreie Sicht kann man nur nach dem Tod haben. Denn wenn wir diese Abgeklärtheit im Leben haben könnten, bräuchten wir niemals zu sterben.

Wie weiß die verstorbene Mutter, ob sie zu streng oder zu weich war? Indem sie die Wirkung sieht. Wenn sie Anlass gegeben hat, dass die Tochter das als Erpressung nimmt, um zu faulenzen, dann sagt sich die Mutter, es wäre besser gewesen, wenn ich nicht weich geworden wäre. Wenn sie erfährt, dass die Tochter so verzweifelt war, dass sie drei Tage nur geweint hat, was sie nicht wusste, dann weiß jetzt die Mutter, es wäre besser gewesen, wenn ich ihr die 100 Euro gegeben hätte. Woher soll sie das sonst wissen?

Und dann sagt man sich, das Leben ist ein Experimentieren, weil unser Bewusstsein nicht so abgeklärt ist, wo wir im Erdleben sind, wo wir drinnen im Leben sind. Und das stellt uns alle gleich, weil keiner von uns ganz genau wissen kann, was aus dem wird, was er tut. Und keiner von uns kann wirklich begierdenfrei sein.

Das sind alles Dinge, die die Toten uns sagen, weil sie das ganz real durchmachen. Also diese Geisteswissenschaft ist wirklich eine wunderbare Sache. Denn der Glaube, ja meine Mutter lebt noch, ist vielleicht im Paradies oder im Fegefeuer, das genügt nicht, das ist viel zu verschwommen. Es ist etwas ganz anderes zu erfahren, was sie real durchmacht, dass sie das ganze Leben rückwärts durchlebt und alles ihr jetzt bewusst wird, was die anderen anhand ihres Tuns, anhand ihrer Worte erlebt haben.

Ein Kind von mir ist zu mir gekommen und an dem Tag hätte es ein Wort des Trostes so bitternötig gehabt. Ich habe dieses Kind zum Teufel geschickt. Jetzt erlebe ich, wie das Kind das erlebt hat. Das ist gewaltig! Und das traditionelle Christentum redet von Ruhe! Das ist ungeheuerlich, ungeheuerlich.

Teiln.: Es wäre ja vielleicht auch besser gewesen, wenn das Kind schon zu Lebzeiten das der Mutter mal erklärt hätte. Also ich habe jetzt auch schon größere Kinder.

P. Archiati: Ja, wenn die Mutter Sie zum Teufel schickt, was wollen Sie ihr erklären?

Teiln.: Nein, nicht in dem Moment, sondern Jahre später. Also ich weiß halt, ich krieg Rückmeldungen von meinem Kindern [...] und jetzt ab und zu sagen sie mir: Papa, also wenn ich sie so abgespeist hatte und keine Zeit gehabt habe und sie hätten irgendeinen Trost gebraucht oder irgendetwas anderes und ich habe einfach keine Zeit gehabt. Und heute merke ich das oder sie kommen und sagen mir das und da bin ich natürlich froh, dass ich die Rückmeldung jetzt schon kriege. Also manchmal [unv.]

P. Archiati: Nein, nein, ruhig. Sie kriegen die Rückmeldung, und Sie können sagen: Tut mir leid. Erleben Sie in sich, was der durchgemacht hat? Unmöglich, denn Sie müssten aus sich rausschlüpfen. Das wird nach dem Tod gemacht, und das ist etwas anderes, lieber Freund. Dass die Kinder das rückmelden ist besser als gar nichts.

Teiln.: Ja, da bin ich ja froh, da bin ich ja dankbar. Ich wollte das ja gar nicht. Aber [unv.]

P. Archiati: Ist jeder Vater dankbar? Sie sind so brav, ich warte nur, bis Sie ein bisschen ungehorsam werden, wie schaffen Sie es, so brav zu sein, so lieb, dass Sie sich freuen, wenn die Kinder sagen, du warst damals unmöglich?

Teiln.: Das weiß ich nicht, warum das so ist, ich bin nur dankbar, dass es so ist. Warum das so ist [unv.]

P. Archiati: Es kann noch schwieriger werden.

Teiln.: [...] Also ich glaube, dass das meiste schon gekommen ist. Und jetzt [unv.]

P. Archiati: Ich meine nicht in diesem Leben, dass es schwieriger werden kann.

Teiln.: Ach so!

P. Archiati: Oder haben Sie vor, nach diesem Leben endgültig im Paradies zu landen?

Teiln.: Schlecht wäre es nicht, oder?

P. Archiati: Also Sie wollen doch Ihre Ruhe haben?

Teiln.: Was spielt es für eine Rolle, wenn man jemanden etwas angetan hat, ob er es einem vor dem Tod noch verzeiht, oder eben nicht mehr? Was ist da der Unterschied?

P. Archiati: Das ist ein Unterschied, natürlich ist das ein Unterschied. In der alten Zeit hat man immer gesagt: Sorge dafür, dass der Tag nicht endet, das heißt, dass du nicht einschläfst und ohne Versöhnung in die geistige Welt gehst. Denn Krach gibt es ja, und zunehmend, weil das Leben immer komplizierter wird. Wenn man unversöhnt, das heißt, sagen wir ruhig mit Ärger, mit Wut gegen jemanden in die geistige Welt geht, dann richtet man Zerstörung an. Und man bringt diese zerstörerischen Kräfte zurück.

Und die Weisheit der alten Zeit und was der Mensch jetzt aus der Freiheit heraus anstreben müsste, ist, womöglich vor dem Einschlafen ins Reine zu kommen. Selbst bei dem kräftigsten Streit ist es möglich, das zu üben, indem man vor dem Einschlafen sagt: Es tut mir leid.

Teiln.: Wenn der Täter das anbietet, aber das Opfer es ablehnt.

P. Archiati: Das ist sein Problem. Er geht dann unversöhnt in die geistige Welt mit dem Schlaf. Denn ablehnen oder nicht ablehnen, das ist seine Sache. Das ist nicht Sache dessen, der sich versöhnen will. Also zur Versöhnung gehören zwei. Aber jeder von diesen zweien steht mit seiner Freiheit da. Also derjenige, der sich versöhnt, ist nicht abhängig von der Versöhnung des anderen. Er bringt das ins Reine, weil er sich entschuldigt: Es tut mir leid. Oder er verzeiht: Du, das ist nicht so schlimm.

Wie erleben wir das Nachtragen, das lange Nachtragen? Der Genius der Sprache sagt, das Nachtragen ist nachträglich. Es ist niemals von Vorteil. Es wäre besser, wenn ein Mensch mich (schlecht) behandelt, so schnell wie möglich ins Reine zu kommen. Nennen Sie das nicht sanguinisch, denn der Sanguiniker hat es leichter. Aber derjenige, der als Choleriker schnell das Nachtragen überwindet, der braucht innere Größe, und das ist besser. Das heißt, derjenige der mehr innere Größe hat, überwindet sich am schnellsten.

Um sich zu versöhnen, um um Verzeihung zu bitten, bedarf es innerer Größe. Denn die Wut länger zu hegen und die Wut länger zu genießen, das kann jeder, weil man sich nicht verbiegen muss. Also der, der mehr innere Größe hat, ist schneller in der Versöhnung. Das ist Gesetz. Und dieses spontane Sofort-sich-Versöhnen wird immer weniger sein, weil das von der Natur war.

Also die Menschen werden sich entweder aus der Freiheit, aus der inneren Größe heraus schnell versöhnen, oder es wird immer länger nachgetragen. Und das macht die Beziehungen schwieriger. Es gibt Menschen, die jahrelang sagen: Nein, mit dem rede ich nie mehr. Das ist nicht gut. Nach dem Tod wird das alles im Einzelnen durchlebt. Man hat eine Dummheit gesagt, eine große Beleidigung. Was gehört dazu, um zu sagen: Ich nehme das zurück?

Teiln.: Innere Größe.

P. Archiati: Ein bisschen innere Größe und dann geht es. Und jeder Mensch weiß: Der, der mehr innere Größe hat, der kann das. Der andere kann das nicht. Denn wenn das Wort schief war, weiß man, es wäre besser gewesen, wenn ich das nicht gesagt hätte. Ich nehme das zurück und die Welt ist wieder in Ordnung. Das heißt, die Entwicklung verlangt immer mehr innere Beweglichkeit.

Denn Nachtragen ist Beharrungsvermögen, Starrheit, innere Starrheit. Da kommt der Mensch nicht weiter. Im Süden muss man große

Versöhnungsgesten machen, in Deutschland braucht man nur zu sagen: Du, das haben wir vergessen, war da was? Und das genügt. Und das genügt, das ist die Abmachung: Gut, gut, das war's. Ich brauche keine großen Erklärungen zu machen.

Und der Mensch, der vom anderen, der einen Fehler gemacht hat, ein Kapitulieren verlangt, das ist ein Unmensch. Eine Andeutung soll genügen doch, wenn man innere Größe hat. Kein Mensch darf vom anderen eine Demütigung verlangen, dass er zugeben muss, 20-mal zugeben muss, dass er einen Fehler gemacht hat. Das ist doch unmöglich.

Teiln.: Ein Canossagang.

P. Archiati: Ganz genau. Was ist ein Canossagang?

Teiln.: Bußgang.

P. Archiati: Canossagang ist der Kaiser, der vor dem Papst sich demütigt. Sonst wird er exkommuniziert. Dann ist er ausgeschlossen.

Einen guten Appetit, und um acht kommen wir wieder zusammen.

Vierter Vortrag

Vier Grundgestimmtheiten

In uns überbewusst, den Toten vollbewusst

Unterlengenhardt, 5. Januar 2010
(abends)

Sehr verehrte Anwesende, liebe Freunde!

Ich möchte heute Abend auf vier Grundhaltungen, Grundempfindungen Bezug nehmen, von denen Steiner, der große Geisteswissenschaftler, sagt, dass diese vier Grundhaltungen, Grundempfindungen die Gestimmtheiten des höheren Ich in jedem Menschen sind. Das heißt, sie leben überbewusst in jedem Menschen, weil der Unterschied zwischen höherem Ich und niederem Ich gerade darin besteht, dass das höhere Ich diese vier Grundhaltungen in sich trägt, aber das niedere Ich das normale Bewusstsein ist und wir oft nach dem Gegenteil leben.

Diese vier Grundhaltungen dem Leben gegenüber, die für uns überbewusst sind, sind für den Verstorbenen, für den Toten, ganz bewusst. Und das wären die vier Dinge, die vier Botschaften, die die Toten uns ständig beibringen möchten: Guck, was in deinem höheren Ich da ist, was darauf wartet, heruntergeholt zu werden ins Bewusstsein!

Und diese vier Grundhaltungen sind wie die vier Saiten einer Violine, einer Geige. Es gibt nur vier, und das genügt. Auf diesen vier Saiten kann man alle Noten spielen, die für eine Geige infrage kommen. Das heißt, im Leben kann man alles darauf reduzieren, es ist alles eine Variation, eine Abwandlung, von den vier Grundgestimmtheiten. Und zwei beziehen sich mehr auf die Vergangenheit und zwei mehr auf die Zukunft. Und jetzt sind Sie natürlich gespannt, dass ich Ihnen diese vier Grundhaltungen nenne. Sie sind ganz schlicht und einfach, aber so fundamental.

Die erste Grundhaltung nennt Rudolf Steiner das Gemeinschaftsgefühl mit allen Dingen des Daseins, das heißt, die Sonderung, die Illusion der Sonderung zu überwinden und sich so in allen Dingen zu erleben, dass man nicht gesondert, sondern in Gemeinschaft mit allen Dingen ist.

Nur die Materie ist gesondert, nur Stücke von Materie können gesondert voneinander sein. Aber in dem Moment, wo wir in das Seelische hineintreten, geschweige denn in das Geistige, gibt es eine Gemeinsamkeit. Tot sein heißt, die Illusion des Sonderseins zu überwinden. Das ist der Sinn des Todes, dass man diese Illusion überwindet.

Das Zweite – und ich möchte, dass wir sie wirklich auch im Einzelnen durchnehmen mit allen Konsequenzen –, das Zweite ist das Dankbarkeitsgefühl für alle Dinge des Daseins. Und wenn der Mensch etwas von der negativen Seite erlebt oder nicht dankbar ist, dann deshalb, weil er die Dinge aus der Sicht seines niederen Ich erlebt, aus der Sicht des Egoismus. Er wollte vielleicht einen Eigennutz haben, ohne an die anderen zu denken.

Aber das höhere Ich, und vor allem die Verstorbenen, die Toten, lernen, für alles dankbar zu sein. Das Leben nach dem Tod ist gerade die Schule, anhand von diesen vier Grundempfindungen zu leben. Wir werden sehen, dass dies ganz besonders für das Leiden gilt, aber für alles, auch für die Freuden des Lebens.

Das Dritte, was wir uns etwas näher anschauen werden, ist mehr auf die Zukunft gerichtet, denn die Dankbarkeit ist für das, was schon geschehen ist. Das Dritte ist das Vertrauen, das unverwüstliche Vertrauen in das Leben, dass das Leben, das Dasein immer vertrauenswürdig ist, dass es immer für jeden Menschen Gutes im Sinn hat. Das wäre dann die Überwindung der Angst in allen Formen.

Und das Vierte, man höre und staune, ist eine Gestimmtheit der Seele, wodurch der Verstorbene uns sagt – und das ist eine gewaltige Botschaft –, dass man in der geistigen Welt mit dem Vergehen der Zeit immer jünger wird. Eine Verjüngung der Seele, die real erlebt wird. Und wann wird der Mensch ganz, ganz, ganz jung in der geistigen Welt nach dem Tod? Wenn er als Kind neu geboren wird. Da ist er ganz, ganz, ganz jung.

Und das ist die Zukunftsperspektive, immer jünger zu werden, bis man zu einem ganz kleinen Baby wird und neu geboren wird. Das setzt ein Gestimmtsein voraus: Ich werde im Laufe der Zeit immer jünger – in der Seele natürlich. Um die Seele geht es. Und bei diesem Vierten stellt sich die Frage: Ist es möglich, im Leben immer jünger zu werden?

Und die Antwort ist: Es ist möglich! Man kann mit achtzig Jahren jünger leben, wirklich jünger dastehen als mit zwanzig. Ein junger Dachs mit zwanzig hat keine Chance, so jung sein zu können. Er kann das gar nicht. Er ist jung. Er kann nicht jung werden. Aber ein 80-Jähriger kann jung werden! Und diese Jugend ist viel mehr wert, als wenn man schon von Natur aus jung ist.

Also Sie sehen, dass schon allein durch die Formulierung dieser vier Grundstimmungen etwas ganz Fundamentales gesagt wird. Und anhand von diesen vier Saiten der Seele der Verstorbenen lernen wir. Das ist das, was sie uns beibringen. Die Musik, die Symphonie, das Schöne des Seins nach dem Tod besteht darin, dass man nach diesen vier Seiten die Weltenmusik, die Sphärenharmonie erklingen lässt. Dass man immer mehr lernt, Gemeinschaftsgefühl mit allen Dingen des Daseins, Dankbarkeitsgefühl für alles, was geschehen ist, Vertrauen zum Leben und Immer-jünger-Werden zu erleben.

Gemeinschaftsgefühl. Man kann die Frage stellen: Wo ist ein Mensch? Wo bin ich?, ich frage jetzt: Wo bin ich? Ich bin überall dort, wo ich gewesen bin. Weil überall dort, wo ich gewesen bin, habe ich Spuren hinterlassen. Das heißt, ich habe gewirkt, und das, was ich bewirkt habe, bleibt ja. Jede Begegnung, die ich gehabt habe, trägt meine Signatur. Und es ist da in der Welt. Ich bin die Summe all dessen, was ich in der Welt getan habe. Es ist alles da. Das heißt, ich bin nicht hier, ich bin ausgebreitet, ich bin nur körperlich hier an diesem Ort.

Aber sonst, meine Seele, meine Gedanken, wo sind meine Gedanken? Denn jeder Mensch hat ja Gedanken geäußert. Diese Gedanken haben gewirkt. Wo ist die Wirksamkeit eines Menschen? Überall, ganz real. Und dieser Gedanke, dass der Mensch überall dort ist, wo er gewirkt hat, hilft uns, diese Illusion der Sonderung zu überwinden und immer mehr diese Wiedereingliederung aller Menschen ineinander als Rückgängig-Machen des Sündenfalls real zu erleben.

Wir weben und wesen seelisch-geistig immer mehr ineinander. Wodurch? Durch Beeinflussung. Wenn ein Mensch einen Einfluss auf mich gehabt hat, dann steckt er in mir! Nicht der ganze Mensch natürlich, aber ein Teil von ihm ganz real.

Und was ist der Sündenfall? Das ist der Fall in die Sonderung. Dadurch, dass der Mensch sich immer gewaltiger mit der Materie verbunden hat, hat er sich mit dem Element der Sonderung identifiziert. Denn nur die Materie sondert uns voneinander. Und was ist der Sinn des Sündenfalls, des Falles in die Sonderung? Uns die Möglichkeit zu geben, aus der Freiheit heraus, durch Arbeit an sich selbst, durch viel mehr Freude, die Sonderung rückgängig zu machen.

Aber die Sonderung hat nicht nur dieses Negative der Zersplitterung der Menschheit hervorgebracht, denn es darf nicht nur negativ gewesen sein. Die Sonderung hat die Selbstständigkeit hervorgebracht. Das heißt, wir verdanken diesem Sichverbinden mit dem Element der Materie, dass jeder von uns dadurch, dass er in seinem gesonderten Körper steckt, «ich» sagen kann und sich abgegrenzt, in sich abgeschlossen fühlen kann.

Jetzt geht es darum, sich wiederum durch die Kräfte der Liebe ineinander einzugliedern: durch Bewahrung, sogar durch Vertiefung dieser Ichhaftigkeit aus den Kräften der Liebe heraus, ohne die Selbstständigkeit zu verlieren, sogar durch Wirken in der Selbstständigkeit. Was ist die Grundvoraussetzung, um real Glieder voneinander zu werden? Dass die Materie allmählich verschwindet. Denn solange wir in der Materie drinstecken, haben wir keine Chance. Und über diese zunehmende,

Jahrtausende währende Spiritualisierung der Materie – also es dauert eine Weile, aber es geht in die Richtung – haben die Menschen die Möglichkeit, sich immer mehr ineinanderzugliedern.

Diese zunehmende Spiritualisierung der Materie nennt das Christentum die Auferstehung des Leibes. So, wie eine geistige Welt immer materieller geworden ist, von geistig wurde sie seelisch, von seelisch wurde sie ätherisch, von ätherisch wurde sie physisch – für Geisteswissenschaftler, für Anthroposophen, auch für uns normale Menschen, aber manchmal muss ich diese anthroposophische Terminologie verwenden, sonst sagen manche, der ist so langweilig, der redet niemals aus der Geisteswissenschaft heraus.

Also, es gibt vier Ebenen: das Geistige, das Seelische, das Ätherische oder Lebendige und dann das Physische. Und so, wie durch zunehmende Vermaterialisierung des Kosmos die Menschen sich immer mehr voneinander gesondert haben, setzt die Wiedereingliederung, das Rückgängig-Machen der Sonderung eine zunehmende Spiritualisierung, Vergeistigung der Materie voraus. Das ist nicht so leicht, sich vorzustellen, wie das zugeht.

Gibt es eine Hilfe, um zu verstehen, wie die Vergeistigung der Materie geschieht? Eine Hilfe gibt es, und das ist das Alter. Jung sein heißt Materie aufbauen. Älter werden heißt, Materie verzehrt sich wie bei einer Kerze. Also dieses Bild der Kerze ist sehr ergiebig. Wie wird Licht entzündet? Dadurch, dass das Wachs sich verzehrt. Und der Körper ist wie dieses Wachs. Dadurch, dass der Geist immer jünger wird, immer schöpferischer, wird die Materie verzehrt. Und das ist eine Spiritualisierung der Materie. Sie wird immer geistiger, bis dann gar nichts mehr übrig ist.

Wir können lernen, wie die Vergeistigung der Materie geschieht – in der ganzen Menschheit natürlich viel langsamer –, indem wir gucken, wie die zweite Hälfte des Lebens ist. Man baut diese Kerze auf und der Sinn davon ist, dass man sie verbraucht, man braucht das Wachs auf. Und was ist der Sinn des «Zusammentuns» des Wachses? Dass das

Wachs verschwindet, dass es verzehrt wird. Das heißt, der Sinn ist das Licht, die Flamme. Aber die Flamme kann nicht ohne Verzehrung des Wachses sein.

Verzeihen Sie, das sind doch Binsenwahrheiten, aber im Zeitalter des Materialismus hat man diese Binsenwahrheiten aus dem Auge verloren. Bewusstsein und Leben sind polar entgegengesetzt! Das muss immer wieder geübt werden. Wo Lebenskräfte wuchern, muss sich das Bewusstsein zurücknehmen. Ganz konzentriert ein mathematisches Problem lösen zu wollen, ist ganz unmöglich nach einer üppigen Mahlzeit, wo die Verdauungskräfte, die Lebenskräfte den Körper voll in Anspruch nehmen.

Und Jugendkult ist der Kult der Kindsköpfigkeit. Ganz und gar. Das ist die Abneigung dem Bewusstsein gegenüber. Das ist eine Anbetung des Lebens. Aber ich bitte Sie, Leben gibt es bei den Tieren genug. Die Katze und der Hund haben doch viel mehr Leben, sind doch viel lebendiger als der Mensch. Das heißt, diese Anbetung des Lebendigen, des Jugendhaften ist geistige Armut. Jung sein ist schön, älter werden kann viel schöner werden – muss nicht, aber kann!

Denn die volle Wucht des Bewusstseins ist in der Jugend nicht möglich, schon allein, weil die Jugend dafür sorgen muss, dass das Menschengeschlecht nicht eingestellt wird, denn sonst wäre das das Einstellen der Entwicklung. Es muss nicht jeder Mensch wie meine Mutter zehn Kinder haben, aber Kinder müssen ja sein. Und die können nur in der Jugend sein. Das ist alles in Ordnung, das ist alles weisheitsvoll gedacht.

Aber ein Mensch mit sechzig, siebzig, der genauso jung sein möchte wie mit zwanzig, ist ein Ungetüm. Der Sinn des Älterwerdens ist, dass die Lebenskräfte abgebaut, verzehrt, konsumiert werden dürfen, wenn Sie so wollen. Denn nur durch Verzehrung von Lebenskräften entzündet sich das Bewusstsein.

Schätzen Sie, dass das Nerven-Sinnes-System physiologisch, biologisch gedacht, also naturwissenschaftlich – denn die Naturwissenschaft «versteht» manche Dinge völlig falsch –, als Grundlage des Bewusstseins – Wahrnehmung und Denken –, schätzen Sie, dass das Nerven-Sinnes-System dasjenige ist, was am meisten vital im Menschen ist? Nein, die Zellen des Nerven-Sinnes-Systems sind die Zellen, die am nächsten zum Totwerden sind.[12] Dadurch, dass das Leben, das Wuchernde sich da zurücknimmt, kann das Licht des Bewusstseins entstehen.

Aus dem Grund muss dann vom Stoffwechsel-Gliedmaßen-Pol das Abgebaute im Nerven-Sinnes-System wieder aufgebaut werden. Wie wird es immer wieder aufgebaut? Durch Ernährung. Und wie wird es noch mehr aufgebaut? Wenn das Bewusstsein dafür zuständig ist, dass am meisten Todeskräfte, Abbaukräfte im Organismus entstehen, was muss man tun, um diese Lebenskräfte wieder zu erneuern? Das Bewusstsein muss weg! Und man schläft ein. Ganz einfach, das ist der Sinn des Schlafes.

Lieber Mensch, wenn du die ganze Zeit bewusst bleiben würdest, hättest du keine Chance, du würdest die ganzen Lebenskräfte abbauen, du würdest sofort sterben. Das heißt, gerade weil die Bewusstseinsentfaltung, die Denkentfaltung Lebenskräfte abbauend ist, muss immer wieder – im Normalfall innerhalb von 24 Stunden – das Bewusstsein sich herausnehmen, sodass das Vitale, das Lebendige, die Lebenskräfte sich wiederum aufbauen können. Das ist der Sinn des Schlafes: die Lebenskräfte zu regenerieren.

Wenn die Naturwissenschaft, die Hirnforschung uns weismachen möchte, dass das Denken eine Kontinuierung, wie soll ich sagen, des Physiologischen wäre, ist das ein totaler Unsinn. Es ist gerade umgekehrt. Nur dadurch, dass das Lebendige getötet wird, entsteht Bewusstsein. Und dann werden diese Lebenskräfte im viel geringeren Maße

---

12 s. auch Rudolf Steiner, *Zum Corona-Rätsel* (Bad Liebenzell 2022), «Nervenstoff und Blutstoff», Vortrag in Berlin, 13.6.1916, S. 88:

> «Die Nervensubstanz ist auf das Leben im Himmel, in allem Außerirdischen angelegt. Dadurch, dass sie in die Sphäre des Irdischen hereingebracht wird, stirbt sie ab zu dem Grad des Totseins, in dem sie in unserem Organismus ist. Das ist etwas höchst Merkwürdiges: Wir tragen in uns Nervensubstanz, die kosmisch lebendig und irdisch tot ist.»

durch das Essen, durch die Ernährung, aber in viel gewaltigerem Maße durch das Rausschlagen des Bewusstseins, durch den Schlaf, wieder erneuert.

Wenn Sie wollen, ist das sofort eine Grundbotschaft der Toten. Denn die Toten haben ja diese Lebenskräfte des Organismus nicht mehr. Sie leben rein im Bewusstsein. Und die Verstorbenen, die Toten, wollen uns die Würdigung des Bewusstseins vermitteln, dass das Bewusstsein zu genießen viel mehr Genuss ist, als das Leben zu genießen.

Was ist mehr Genuss? Sie gucken mich so verdutzt an, als ob ich jetzt hier totale Verrücktheiten sagen würde. Was ist mehr Genuss, ich frage Sie im vollen Ernst, körperliches Behagen oder das Verstehen von etwas? Ein Mensch, der körperliches Behagen mehr genießt als das Verstehen, ist ein armer Teufel. Er hat noch keine Ahnung von den höheren Genüssen des Lebens. Denn Lebenskräfte-Behagen, das hat dic Katze, das hat der Hund noch viel mehr als wir.

Wenn es notwendig wäre, um manche Dinge, tiefere Dinge, mit denen man ringt, zu verstehen – wenn man Freude an der Erkenntnis hat –, ich sage es per absurdum, wenn es dafür notwendig wäre, fünf Krankheiten durchzustehen, dann sage ich: Ich will sie, ich will sie, ich will sie, alle fünf, sofort! Und so würde jeder Mensch, der eine Ahnung hat, was es heißt, das Bewusstsein, das Verstehen, das tiefere Durchdringen der Dinge zu genießen, dankbar dafür sein.

Und jetzt überlegen wir uns: Die Verstorbenen reden mit uns. Und das, was unsere materialistische Zeit am meisten schätzt, den Körper, diesen jugendlichen Körper, Sport und den ganzen Unsinn, von dem haben sie gar nichts. Sie möchten mit uns über die höheren Dinge des Menschen reden und wir haben keine Ahnung davon. Wir wissen nicht einmal, dass es die Toten gibt.

Aber welche Genüsse haben sie sonst zu erzählen? Die Toten werden uns niemals sagen, wer von den Toten am schnellsten die hundert Meter laufen kann. Es gibt keine Olympiade in der Welt der Toten. Sind das arme Teufel?

Teiln.: Wenn sie mehr verstehen, dann werden sie Freude haben. Je mehr sie verstehen, desto mehr werden sie Freude haben und diese uns mitteilen.

P. Archiati: Ja, aber es ist ganz wichtig, dass wir uns bewusst machen, dass der Materialismus darin besteht, dass wir uns mehr und mehr mit den kleineren Genüssen des Lebens begnügen. Und aus dem Grund werden die Menschen depressiv oder aggressiv, weil die kleineren Genüsse, die materiellen Genüsse nicht genügen.

Einmal habe ich erlebt, wie jemand – ich war in einem Café – einen Kaffee bestellt hat und der Kaffee hat ihm nicht gepasst. Er hat eine halbe Stunde, fast eine Stunde lang Stunk gemacht. Das Allerwichtigste war, dass der Kaffee richtig sein muss, das war das Allerwichtigste. Und ein anderes Mal war eine kleine Fliege reingefallen und der hat geschimpft, es war wiederum ein Mann, und ein anderer Mann hat geguckt: Ja, Sie haben doch … – damals waren es nur 20 Lire für einen Kaffee, so 10 Pfennig – und der sagte: Und für 10 Pfennig, was wollen Sie, einen Elefanten?

Also, ich war dabei, diesen Kerngedanken, den Sinn der zweiten Hälfte der Entwicklung auszuführen. Also jetzt ganz im Überblick (Tafel): Hier ist die Wende, das ist die Wiedereingliederung, die reale Wiedereingliederung aller Menschen ineinander. Das heißt, die Menschen sind seelisch-geistig als ein Organismus gedacht. Alle Menschen zusammen stehen zueinander, sind so – das ist wie ein Vergleich – wie die Glieder eines Organismus gedacht worden.

Das wäre für uns ein infinitesimales Kalkül ohnegleichen. Aber dieses fantasievolle Wesen der Liebe, voller Liebe zu den Menschen, das alle Menschen-Iche – sie sind ja gezählt –, viele Milliarden Menschen-Iche umfasst. Denn wir haben nicht nur die sechs Milliarden, die jetzt verkörpert sind, wir haben noch mehr, die jetzt entkörpert sind. Denn die Toten, die verstorbenen Menschengeister, sind jeweils immer zahlreicher als die Inkarnierten, weil man im Durchschnitt eine drei-, vier-, fünfmal längere Zeit in der geistigen Welt verbringt als in der physischen Welt.

Wenn man im Durchschnitt achtzig Jahre auf der Erde verbringt, dann waren es damals 1 000 Jahre in der geistigen Welt zwischen Tod und neuer Geburt – das ist schon bei Platon zu lesen.[13] Heute hat sich vieles beschleunigt, aber damals waren es 1 000 Jahre in der geistigen Welt zwischen Tod und neuer Geburt. Und Platon erzählt, dass er diesen Mythos – das wird Mythos genannt, aber es ist kein Mythos –, dass er das von den Persern, noch von der Zeit des Zarathustra hatte. Es wurde über die Jahrtausende überliefert.

Wenn der Mensch sich abwechselnd – weil Mannsein und Frausein wirklich eine ganz wichtige Prägung ist – einmal als Mann und einmal als Frau verkörpert, dann sind das, also 80 + 80 macht 160, 160 Jahre. Also, die Sonne bleibt in einem Tierkreiszeichen 2 160 Jahre. Das sind alles Dinge, die die Verstorbenen, die Toten, ziemlich schnell lernen.

Die Sonne geht durch die zwölf Tierkreiszeichen. Die Sonne braucht, 25 920 Jahre, um durch den ganzen Tierkreis zu gehen. Und 25 920 dividiert durch 12 macht 2 160. 2 160 Jahre bleibt die Sonne, das wissen die Verstorbenen, im selben Tierkreiszeichen. Jetzt haben wir Menschen, New Age-Anhänger, die schon das Zeitalter des Wassermanns vorausnehmen. Was kommt vor dem Wassermann?

Teiln.: Die Fische.

Die Sonne geht im Frühling, am 21. März, um sechs Uhr in der Frühe, noch in den Fischen auf. Aber wenn die Fische untergehen, dann kommt der Wassermann. Vor den Fischen war der Widder. Siehe das Lamm Gottes [unv.] Das war die Zeit der Griechen und der Römer. Unsere Zeit ist die der Fische. Darum gibt es fünf Brote und zwei Fische.

---

13 s. auch Platon, *Der Staat,* Buch 10 (Übers. F. Schleiermacher):

- «Die einander Bekannten hätten sich dann begrüßt und die aus der Erde Kommenden von den anderen das Dortige erforscht … die Wanderung aber sei tausendjährig.» (614e - 615a)
- «Sondern wenn es nach mir geht, wollen wir, in der Überzeugung, die Seele sei unsterblich … und hier sowie auch auf der tausendjährigen Wanderung, von der wir eben erzählt, uns wohl befinden.» (621 c-d)

Weil die Fische damals schon anfingen, nur zwei Fischlein. Was war vor dem Widder?

Teiln.: Stier.

Stier. Also vor der griechischen Kultur war die Kultur der Ägypter und bei den Ägyptern war der Stier, Apis, im Zentrum. Vor dem Stier?

Teiln.: Zwillinge.

Zwillinge, das war die Zarathustra-Zeit, Ahura Mazda und Angria Mainyu, Licht und Finsternis. Also die Kultur des Zarathustra war auf Polarität gebaut. Hier die Dreiheit bei den Ägyptern und Chaldäern. Dann sind die Griechen gekommen. Jetzt sind wir dran mit den Fischen und dann kommt der Wassermann.

Was heißt es, dass die Sonne 2 160 Jahre im selben Tierkreiszeichen bleibt? Das bedeutet, dass 2 160 Jahre lang die kulturellen Gesamtbedingungen der Entwicklung, auch die ökologischen Bedingungen, die klimatischen Bedingungen ungefähr gleichbleiben. Und alle 2 160 Jahre, weil die Sonne in ein anderes Tierkreiszeichen kommt, ändern sich die Entwicklungsbedingungen gravierend. Und das Gesetz der Entwicklung ist, dass jeder Mensch für seine Entwicklung alle diese Prägungen gründlich erleben darf. Und nicht nur einmal alle, sondern im Normalfall als Mann und als Frau.

Wenn ein Mensch unsere Bedingungen, unsere Verhältnisse hier im Zeitalter der Fische, diese 2 160 Jahre, einmal als Mann und einmal als Frau durchlebt hat, darf er nicht klagen. Er hat prinzipiell alle Entwicklungsmöglichkeiten, die es in einem Tierkreiszeichen gibt, angeboten bekommen. Ihm fehlt nichts.

Jetzt gehen wir zu diesem Mythos von Platon zurück. Er sagt: Der Mensch ist im Durchschnitt 80 Jahre verkörpert, 1 000 Jahre in der geistigen Welt, also 80 + 1 000, dann kommt er wieder als Frau oder als Mann. Was macht das alles zusammen? 2 160![14] Das können Sie bei Platon lesen. Jetzt durch die zunehmende Freiheit ist vieles durcheinandergekommen.

14 s. auch Rudolf Steiner, *Lehrgang Esoterik,* Bd. 3 (Bad Liebenzell 2012), 11. Vortrag.

Ich war dabei zu sagen, dass die Menschen-Iche gezählt sind. Wir haben jetzt sechs Milliarden inkarniert. Und meine Aussage war, die Toten, die Menschen, die jetzt in der geistigen Welt sind, sind immer zahlreicher als die Menschen, die verkörpert sind, weil im Durchschnitt die Zeit, die der Mensch in der geistigen Welt verbringt, viel länger ist, im Normalfall mindestens drei-, vier-, fünfmal länger als die Zeit, die er auf der Erde verbringt.

Warum nimmt die Bevölkerung zu? Wenn wir die Toten fragen, sagen uns die Toten: Wie kannst du so doof sein, dass du das nicht verstehst? Denn sie verstehen das sofort. Schauen Sie die Gesamtzahl der Menschen (Tafel): Hier sind die Verkörperten, eine kleinere Zahl, jetzt sind es sechs Milliarden. Und hier sind die Entkörperten, immer eine größere Zahl. Sagen wir, vor 1 000 Jahren waren die Verkörperten ein Neuntel und die Entkörperten acht Neuntel. Und zusammen macht es neun Neuntel. Einverstanden?

Nehmen wir an, die Verkörperten sind zwei Neuntel heute, zwei Neuntel sind verkörpert. Wie viele sind entkörpert? Sieben Neuntel. Also absolut ist die Zahl der Entkörperten immer größer, auch zu unserer Zeit. Die Frage ist, warum ist die Zahl der jetzt Verkörperten verhältnismäßig größer geworden und die Zahl der Entkörperten kleiner, geringer geworden?

Teiln.: Weil die Gesamtsumme immer gleich ist.

Ja, aber warum verschiebt es sich?

Teiln.: Weil wir eine kürzere Zeit in der geistigen Welt verbringen, wir verkörpern uns schneller.

Gut, gut, das muss ja sein. Und ein anderes, von unserer Seite? Denn da muss man sagen, warum das so ist.

Teiln.: Die Leute leben ja länger.

Ja klar, die Lebenserwartung ist gestiegen. Also wir müssen beides zusammentun. Wir können historisch feststellen, dass die Lebenserwartung gestiegen ist. Das heißt, wenn die Verkörperten länger bleiben, werden die, die im Körper stecken, zahlreicher. Das ist doch klar. Und der andere Faktor ist noch wichtiger. Wenn die Entkörperten die Neigung haben, die Tendenz haben, früher herunterzukommen, dann ist das der zweite Grund. Und was wäre der Grund, warum jetzt zunehmend Seelen schneller herunterkommen? Das ist der Materialismus.

Rudolf Steiner sagt aus seiner Forschung im Geistigen, dass wir durch den Materialismus mehr und mehr Verstorbene haben, die in die geistige Welt kommen und nichts verstehen können. Sie kommen sich so einsam vor, weil sie keine Geselligkeit, überhaupt keine Gemeinsamkeiten haben. Sie wissen nicht einmal, ob das ein Teufel ist, der etwas Böses ihnen gegenüber im Schilde führt, und so weiter. Sie haben so ein Einsamkeitsgefühl, dass sie dazu tendieren, schnell herunterzukommen.

Und wir haben immer mehr Menschen, die sogar um ein, zwei, drei Jahrhunderte früher herunterkommen. Und wenn sie um zwei Jahrhunderte früher herunterkommen, als es harmonisch in ihrem Karma wäre, kommen sie mit den falschen Menschen herunter und das Karma der Menschen kommt immer mehr durcheinander.

Das sind die Dinge, die die Verstorbenen uns sehr, sehr beibringen möchten. Tu alles, du sollst alles tun, um nicht als banausischer Materialist in die geistige Welt zu kommen. Denn sonst fühlst du dich so einsam, du verstehst nichts und du wirst die Tendenz haben, früher herunterzukommen, und das wird dann sehr vieles durcheinanderbringen in deinem Karma.

Wie viele Menschen gibt es, die sich fragen: Bin ich fehl am Platz auf dieser Welt? Menschen, die sich überhaupt nicht zu Hause fühlen. Ein Grund, ich sage nicht, dass das immer der Fall ist, aber in vielen Fällen ist ein Grund, dass die Zeit der Verkörperung eigentlich nicht die richtige war. Sie hätten gepasst, wenn sie noch ein Jahrhundert in der geistigen Welt geblieben wären. Und ein Jahrhundert ist eine Ewigkeit. Überlegen wir uns, wenn ein Mensch ein Jahrhundert früher als jetzt geboren ist, hat sich in einem Jahrhundert einiges geändert? Es ist doch alles anders geworden.

Und das sind die Dinge, die die Verstorbenen uns gerne beibringen möchten. Das sind die Dinge, die die Geisteswissenschaft uns sagt. Und da kriegt man Lust, man freut sich wirklich, auf die Dinge einzugehen. Denn übrigens, wenn Sie den normalen Menschen ohne Geisteswissenschaft fragen: Erkläre mir die Bevölkerungszunahme. –

Teiln.: Weniger Kindersterblichkeit.

Gut, weniger Kindersterblichkeit gehört zur Grundaussage, dass die Lebenserwartung gestiegen ist. Das gehört ja insgesamt dazu. Denn wenn viele als Kinder sterben, verkürzt das im Durchschnitt die Lebenserwartung. – Übrigens, wissen Sie, wo die Lebenserwartung am höchsten in Deutschland ist? In Baden-Württemberg. Und in Baden-Württemberg höher bei den Frauen als bei den Männern. Aus dem Grund will ich das nächste Mal in Baden-Württemberg geboren werden und als Frau.

Teiln.: Was ist mit den vielen Abgetriebenen in diesem Zusammenhang? Die nehmen ja auch gewaltig zu.

Eine Überlegung, nur eine kleine Anregung, denn die Aspekte sind ja unendlich. Wir haben hier die Mutter, und was weiß diese Mutter von dem Menschen, der sich inkarniert? Wir haben gestern gefragt: Was sagt hier die Kirche? Was sagt hier die Naturwissenschaft? Sie weiß nicht einmal, wann das, was die Mutter in ihrem Schoße trägt, anfängt ein Mensch zu sein.

Denn nehmen wir an, die Katholiken oder der Papst sagt: Seit dem ersten Moment der Empfängnis ist es ein Mensch. Das ist eine willkürliche Aussage. Das ist ein Dogma. Wie beweist er das? Denn er sagt ja, dass erst anhand der Empfängnis die Gottheit eine Seele dazu schafft. Aber es steht der Gottheit frei, zwei bis drei Wochen zu warten. Es steht der Gottheit frei, drei Monate zu warten. Drei Monate lang ist nur der Körper da, dann wird die Seele dazu geschaffen. Woher weiß das der Papst?

Das sind ganz wichtige Fragen. Eine wahre Alternative gibt es nur, wenn wir eine Kultur haben, wo die Menschen zunehmen, die Mütter zunehmen, die nicht das Dogma, sondern die Gewissheit haben: Mein

Kind ist ein Geist, mit dem ich schon Jahrtausende lang gewaltigst zu tun gehabt habe. Und wenn er sich bei mir jetzt inkarnieren will, bringt er alle Kräfte, die ich brauche, oder er soll mich in Ruhe lassen.

Das sind die großen Fragen der Abtreibung. Wie können wir über die Abtreibung reden, wenn wir keine Ahnung vom Menschen als Geist haben, der sich da inkarnieren will? Religion und Naturwissenschaft sagen uns, den Geist gibt es gar nicht.

Wenn die Mutter gesundheitlich oder finanziell wirklich Sorge hat, ob sie das überhaupt schafft, wenn sie schwanger wurde und sie wollte das nicht, wer hilft ihr, um die Kräfte zu finden? Woher kommen die Kräfte? Denn die wichtigsten Kräfte kommen entweder aus den gemeinsamen Kräften des Karmas, oder es gibt sie nicht.

Und die Mutter zu terrorisieren, weil sie es nicht schafft, das ist Moralisierung, das ist Unmenschlichkeit. Das ist nur eine Gesellschaft, die die Menschen unterdrücken und brav halten möchte, sodass nicht alles aus den Fugen gerät. Aber überzeugend ist das Ganze nicht.

Teiln.: Kann das sein, dass die falsche Seele zu der Mutter kommt? Sie haben ja gesagt, die Seelen kommen, oder die Wiedergeburt ist hundert Jahre zu früh. Kommt da das falsche Kind zu ihr, wenn es hundert Jahre zu früh kommt? Stellt die Mutter sich vor oder das Kind, also die Mutter ist zur rechten Zeit da und das Kind kommt hundert Jahre zu früh. Ist das nicht das richtige Kind, das zu der Mutter kommt?

Jetzt überlegen Sie sich, hier hatte ich diese ganze Entwicklung in der zweiten Hälfte (Tafel). Wir sind schon in der zweiten Hälfte der Entwicklung, und da geht es darum, dass alle Menschen zu Gliedern voneinander werden. Und diese Mutter braucht sich nur zu sagen: Es spielt keine Rolle, ob ich die erste Wahl bin, oder weil die erste Wahl nicht klappt – denn die erste Wahl wäre hundert Jahre später –, die zweite Wahl, die zweitbeste Wahl oder die drittbeste Wahl. Das spielt keine Rolle. Der muss sich jetzt inkarnieren.

Aus den Kräften der Liebe mache ich das Beste daraus, weil die Richtung der Entwicklung ist, dass ich mit allen Menschen eins werde. Auch wenn er hundert Jahre früher auf die Welt kommt und mich als Mutter wählt, dann deshalb, weil ich schon irgendeine Beziehung zu ihm habe. Vielleicht weniger als die Mutter, die seine Mutter in hundert Jahren hätte sein können, aber ich muss sehr viel mit ihm zu tun haben.

Und wenn er schätzt, dass er sich hier inkarniert, dann weiß er aus der geistigen Welt, dass wir es zusammen schaffen. Ich will nur sagen, es ist ein anderes, ob die Mutter ein Bewusstsein davon hat, dass hier ein voller Geist ist, der einen Haufen Kräfte der Inkarnation hinunterbringt, mit ihm redet, um Hilfe bittet und sie dann zusammen beraten, ob es geht oder nicht geht, oder ob man keine Ahnung hat, dass er existiert. Da ist die Lage ganz anders.

Teiln.: Meine Frage hatte aber noch den Aspekt, was ist mit diesen ganzen Menschen, die sozusagen anklopfen, aber nicht kommen können. [unv.] Um das noch klarer zu machen, wenn man einfach die Entwicklung von China ein wenig verfolgt, dann weiß man, es geht um Millionen oder auch mehr. Und ich frag mich, was bedeutet das für unsere Zeit und für den Umgang mit Verstorbenen. Das ist meine Frage, weil ich denke, das gehört auch [unv.]

Sicher, und zugleich merken Sie, wir haben es mit äußerst komplexen Phänomenen zu tun. Und dazu nochmals eine Anregung, ein Werkzeug. Rudolf Steiner sagt ein paar Mal – denn man muss ja das Ganze wirklich studieren, um diese Elemente in der Hand zu haben, um dann zu gucken, wie sie einem helfen können –, die Zeiten, wo das Blut der Faktor Nummer eins war für die Verkörperung, sind vorüber.

Denn wenn man etwas tut, muss man wissen, was das Wichtigste ist. Das darf nicht daneben sein. Dann gibt es Faktoren, die weniger wichtig sind. Gut, gut, ich nehme da das Zweitbeste oder das Drittbeste.

Gibt es etwas, wo alle Faktoren hundertprozentig stimmen? Das gibt es nicht, ganz unmöglich. Etwas tun heißt immer, mit den Faktoren zu rechnen, so wie sie sind. Nur, ich muss wissen, wenn ich ein Haus baue, wo kann ich Kompromisse schließen und wo kann ich keine schließen. Ich muss das wissen. Es gibt Faktoren, die ganz wichtig sind, da gibt es keinen Kompromiss, sonst ist die Sache futsch. Aber es gibt Faktoren, die weniger wichtig sind, und da kann man Kompromisse schließen. Und wenn das eine nicht klappt, nehme ich das Zweitbeste.

Jetzt kommt ein Rudolf Steiner und sagt, zur Zeit der Griechen war das Blut noch Faktor Nummer eins. Alles andere wurde in Kauf genommen, aber das musste stimmen. Zum Beispiel die richtige Mutter, das ist das Blut. Bei den Juden vor Christus im Alten Testament, in der Thora, sieht man ganz deutlich, welch gewaltiges Gewicht das Blut hat.

Und jetzt ist die Entwicklung schon so weit, dass der Mensch sich so vom Blut, von den Bedingtheiten des Blutes, des Biologischen befreien kann, dass der Faktor Nummer eins für eine Verkörperung das Klimatisch-Geografische ist. Das ist wichtiger als das Blut – und das muss stimmen!

Das heißt, wenn ein Mensch sich vornimmt: Ich will an einem See geboren werden, dann muss das sein. Oder im Gebirge oder in einer Ebene oder was auch immer. Denn Sie haben von China geredet, da ist eine Besonderheit des Bodens. Jetzt hat er sich vorgenommen: An diesem See, da ist ein Mensch, eine deutsche Mutter, da möchte er sich inkarnieren. Aber er weiß, der See ist das Wichtigere als die Mutter.

Sie sagten, die Mutter macht die Türe zu. Im Haus daneben ist eine türkische Mutter, und da kommt er rein. Hauptsache das Klimatisch-Geografische stimmt. Das heißt, diese Geisteswissenschaft ist auch dazu da, um uns eine geisteswissenschaftliche Erkenntnis der jeweiligen Faktoren der Entwicklung zu geben, auch in ihren Prioritäten, die sich jeweils dann verschieben. Und da fragt man sich, wenn das stimmt, was weiß der heutige gebildete Mensch von diesen Dingen? Gar nichts.

Gut, und diese Ersatzmutter war ja nicht vorgesehen. Aber eine Inkarnation, ein Leben, wo alle Faktoren optimal sind, gibt es nicht, sonst würde man sich niemals inkarnieren. Man muss wissen, welche Faktoren die wichtigsten sind – da gibt es keinen Kompromiss. Und bei den Faktoren, die weniger wichtig sind, muss ich Kompromisse schließen, sonst werde ich mich niemals inkarnieren.

Teiln.: Herr Archiati, was passiert bei einer Fehlgeburt?

Es gibt eine andere Lösung. Er versucht, sich bei dieser Mutter zu inkarnieren. Nehmen wir an, das ist der erste Faktor, die erste Priorität. Und er sagt sich: Nein, nein, nein, das geht nicht. Eine andere Mutter kommt nicht infrage. Was macht er? Er sorgt dafür, dass diese Mutter – und das ist ganz wunderbar, von diesen Frauen habe ich viele in meinem Leben erlebt – solche Gewissensbisse bekommt, dass sie so etwas nie mehr tut. Und das nächste Mal, wo sie schwanger wird, ist das derselbe Kerl. Und dann klappt es wunderbar. Also wir merken, das sind ganz ernste, aber heilige Dinge.

Nur wenn er sagt, die Zeit ist für mich entscheidend, ich kann nicht ein Jahr oder zwei Jahre warten, und das Klimatisch-Geografische ist entscheidend, dann nimmt er an dem Ort die nächste Mutter, die einfach die Türe öffnet.

Aber wenn die Mutter der Faktor Nummer eins ist, dann tut er das nächste Mal, wo er es selbst wiederum probiert, alles, dass die Mutter das hinkriegt. Und woher kriegt die Mutter das zweite Mal die Kräfte, das zu tun? Von ihm doch! Ihn gibt es. Die Alternative ist eine Menschheit, die keine Ahnung hat von diesen Realitäten.

Haben Sie sich gemeldet? Schon alles gelöst?

Teiln.: Nein. Wenn eine Fehlgeburt ist – bei einer Abtreibung will die Mutter das Kind nicht und bei einer Fehlgeburt will das Kind auf einmal nicht mehr –, oder was passiert da?

Also, jetzt wollen Sie an einem Wochenende die ganze Geisteswissenschaft absolviert haben.

Teiln.: Unbedingt.

Also, jetzt erzähle ich Ihnen einen Fall, den Rudolf Steiner ausgepackt hat, den Fall einer Totgeburt. Denn das ist ähnlich dem, was Sie sagen, wo die Natur, nicht die Willkür des Menschen waltet. Neun Monate im Schoß der Mutter oder acht Monate und dann Totgeburt. Wir reden von Totgeburt. Und, natürlich, das hat auch mit den Mysterien der Verstorbenen, der Toten zu tun, das sind ganz wichtige Dinge.

Jetzt erzählt Rudolf Steiner von einem Fall, nicht von einem konstruierten, sondern von einem realen Fall. Ich mache hier einen Menschengeist, den mache ich jetzt schön rot, weil das ein Geist ist (Tafel). Für die physische Welt habe ich hier normale Kreide. Das ist ein Menschengeist, so wie ein Engelchen, der sich überlegt, was mache ich das nächste Mal, wenn ich mich verkörpere? Das ist die wichtigste Überlegung.

Was will ein Mensch, wenn er sich verkörpert? Er will weitere Schritte in seiner Entwicklung machen, so viel wie möglich von der Geisteswissenschaft lernen. Und die Überlegung ist immer, was habe ich schon hinter mir und was habe ich noch vor mir? Zum Beispiel, wenn Sie das sind, sagen Sie: Ach, die Muttersprache Schwäbisch habe ich schon, diesmal will ich Italienisch als Muttersprache haben, das ist noch besser – der ist immer einverstanden, das ist ja wunderbar.

Teiln.: Wir müssen ja weiterkommen.

Danke für die Solidarität, das ist ja wunderbar, tut mir sehr gut. Also es leuchtet ein, dass es immer darum geht: Das habe ich mir schon angeeignet, diese Fähigkeit habe ich schon, was ist das Nächste? Was nehme ich als Nächstes in Anspruch? Das ist doch klar. Und jetzt sagt er sich, diesmal will ich etwas machen, was ich sonst niemals gemacht habe.

Also hier ist die Mutter, ein bisschen größer, sie ist schwanger, so, und er sagt sich: Wenn ich mich verkörpere, bin ich neun Monate da drinnen. Und diesmal will ich, weil das eine tolle Sache ist – wenn ich meine ganzen Kräfte verdünne auf achtzig Jahre, dann ist das eine totale Verdünnung –, diesmal konzentriere ich alle meine Kräfte auf diese neun Monate. Ich will meine ganzen Kräfte auf das ganze embryonale Geschehen konzentrieren.

Was passiert in den neun Monaten? Was macht der Geist, der sich verkörpert, in den neun Monaten? Gewaltiges, Unendliches! Der ganze Makrokosmos verdichtet sich in diese Prägung des Körpers. Da lernt er als Architekt diese ganzen Strukturierungsgesetze des physischen Körpers. Er sagt, diesmal will ich alle meine Kräfte, Verkörperungskräfte, auf dieses Geschehen konzentrieren.

Sind die neun Monate zu Ende, sagt sich dieser Geist: Mensch, jetzt habe ich so viel getan, ich bin so reif geworden, ich bin so ein Maurer geworden im Aufbauen dieses Körpers, dass ich diese Kräfte ganz unmöglich in der Stärke jetzt anwenden kann. Ich kehre zurück in die geistige Welt, verarbeite diese Kräfte und dann komme ich herunter als ein Mensch, der an seinem Körper viel besser arbeiten kann.

Und er beschließt: Mein ganzes Leben ist diesmal vollkommen, ist so, wie ich das gewollt habe, hat einen vollen Sinn, weil ich meine ganzen Kräfte konzentrieren wollte auf diese neun Monate. Dann will ich in die geistige Welt zurückkehren, diese Kräfte verarbeiten und nochmals diese Kräfte gebrauchen, die ich in mir habe – sie sind ja geistig geworden –, um ganz gewaltig mit dem Körper umzugehen. Eine vollkommene sinnvolle Verkörperung. Und wir in unserer Illusion reden von Totgeburt.

Teiln.: Braucht er dann für die Verarbeitung dieses Ereignisses auch 1 000 Jahre, oder geht das viel schneller?

Das müssen sie ihn fragen. Das ist individuell, das ist ganz individuell. Denn wie lange man wartet, hängt auch davon ab, ob man eine Aufgabe hat. Zum Beispiel Martin Luther – das sage ich jetzt als Beispiel: Martin Luther hat eine Aufgabe im deutschen Volk gehabt. Er hat die deutsche Sprache durch die Übersetzung der Bibel einen ganzen Schritt nach vorne gebracht.

Und dieser Martin Luther – entscheidend für die Zeit seiner Verkörperung ist weniger, was zu seiner individuellen Entwicklung passt, als die Zeit, für die der Volksgeist sagt: Lieber Martin Luther, jetzt ist die richtige Zeit für diese Aufgabe, die du in Bezug auf die deutsche Sprache hast. Jetzt musst du dich inkarnieren.

Das heißt, die Zeit, in der dieser Mensch sich verkörpert, hat mehr mit seiner Aufgabe in der Menschheit als mit seiner individuellen Entwicklung zu tun. Und jetzt fragen wir die Toten: Ja, wie ist es? Muss man für die Verkörperung der eigenen Entwicklung oder dem Beitrag für die Menschheit den Vorzug geben?

Teiln.: Den für die Menschheit.

Nein, nein. Beidem! Denn keiner kann der Menschheit geben, was er nicht hat. Also es gehört zu den Gesetzen der Inkarnation, dass jeder Mensch abwechselnd mal die eigene Entwicklung in den Vordergrund und seinen Beitrag für die Menschheit in den Hintergrund stellt und mal seinen Beitrag für die Menschheit in den Vordergrund und die eigene Entwicklung zurückstellt. Und so arrangiert ist es sehr weisheitsvoll. Es ist überzeugend.

Jetzt schauen wir. Wenn wir das wissen, die Geisteswissenschaft sagt es uns ja, können wir das wirklich herausfinden. Dieser Mensch hat sich dieses Mal vorgenommen, die eigene Entwicklung in den Vordergrund zu stellen. Ist das ein Egoist, ist das ein Schurke? Nein, wenn er das richtig macht, werden daraus das nächste Mal wunderbare Kräfte für die Menschheit.

Schlimm ist, wenn ein Mensch sich vorgenommen hat, die eigene Entwicklung in den Vordergrund zu stellen und nur Gewissensbisse kriegt. Dann hat er weder das eine noch das andere. Und schlimm ist, wenn ein Mensch sich vorgenommen hat, die Aufgabe für die Menschheit in den Vordergrund zu stellen und dabei ein Erzegoist ist. Dann hat er weder das eine noch das andere.

Wie weiß man, ob im eigenen Leben das eine oder das andere an der Reihe ist? Man schläft ein mit der Frage an die Verstorbenen: Sagt es mir, ihr könnt das besser sehen! Und wenn man das von Monat zu Monat übt, bekommt man die Antwort. Du brauchst keine Gewissensbisse zu haben. Diesmal hast du dir vorgenommen, für deine Entwicklung zu sorgen, denn sonst hast du nichts zu geben. Oder man bekommt die Antwort: Sei großzügiger mit den anderen, denn du wirst nur glücklich sein, wenn du den Beitrag für die anderen in den Vordergrund stellst. Aber man kann es nicht aus der Theorie «heraussaugen». Man muss es erbitten.

Was ist das Kriterium von dieser Seite? Ob ein Mensch glücklich, erfüllt ist – oder nicht. Wenn ein Mensch eine Ausbildung nach der anderen für sich in Anspruch nimmt und immer unglücklich ist, immer wieder mit Gewissensbissen geplagt ist, dann sagt man ihm: Probiere doch das andere! Aber es gibt Menschen, die ihre eigene Entwicklung in den Vordergrund stellen und man hat den Eindruck: Das stimmt, das passt. Und dann ist es in Ordnung.

Was ist das für eine Menschheit mit diesem Leistungsdruck des Materialismus, wo man den Menschen nur als Werkzeug erpressen möchte, dass er leistet und leistet und leistet. Das ist der Geiz des Bürgertums, das keine Großzügigkeit der Entwicklung des Individuums gegenüber hat. Ein Leben bin ich für die ganze Menschheit da, und ein anderes Leben ist die ganze Menschheit für mich da. Auch wenn das ganze Bürgertum sagt: Das darf nicht sein. Das muss sein!

Und wenn ein Mensch wirklich die Kraft heruntergebracht hat, weil er das letzte Mal für die Menschheit da war und das nächste Mal wiederum für die Menschen da sein wird, dass diesmal die ganze Menschheit für ihn da sein soll, wird er die Kraft haben, diese ganzen Versuche des Bürgertums, ihn zu erpressen, zum Teufel zu schicken. Und das ist gut. Das heißt, was wir bitter nötig haben, sind Menschen, die sich nicht erpressen lassen, sonst kommt der Mensch niemals zum Zuge. Er wird immer an die Kandare genommen, er muss immer für die anderen schuften. Und dann hat er immer weniger zu geben, er wird immer ärmer.

Das heißt, die Verstorbenen bringen uns die Kunst bei, sich zu lieben, den anderen zuliebe. Und was ist das andere? Die anderen zu lieben, sich selbst zuliebe. Sehen Sie die Wiedereingliederung aller Menschen ineinander? Denn wie kann ich die anderen Menschen beschenken, wenn ich gar keine Geschenke in mir habe?

Teiln.: Es gibt Menschen, die karmisch verbunden sind, und im nächsten Leben das wiedergutmachen wollen, dann müssen sie ja auch miteinander sein.

Das muss nicht alles in einem Leben sein. Darum haben wir mehrere Lebensläufe. Und Rudolf Steiner meint, die Entwicklung ist schon so weit gediehen, dass wir schon etwas mit allen Menschen, die wir treffen, zu tun gehabt haben. Ganz, ganz neue Begegnungen, die erst jetzt anfangen, gibt es immer weniger. Das heißt, die normale Voraussetzung ist, dass man sich sagt: Wir kennen uns schon. Und das ist natürlich schön. Es gibt da Kräfte, die sich ausgetauscht haben, und auf diesen Kräften wird weiter gebaut. Das ist besonders schön, wir haben schon miteinander zu tun gehabt.

Über die anderen drei werde ich morgen dann sprechen, vielleicht das Dankbarkeitsgefühl etwas kommentieren oder wir meditieren darüber. Aber zu diesem ersten, dem Gemeinschaftsgefühl, der Wiedereingliederung aller Menschen ineinander: Ein Kerngedanke ist, dass kein Mensch glücklich sein kann ohne das Glück aller. Es wäre wie ein Organ im Organismus, das den Anspruch hat, gesund sein zu wollen ohne die Gesundheit des ganzen Körpers. Entweder ist der ganze Körper gesund, oder der ganze Körper ist krank. Das heißt, ein Sonderheil ist reine Illusion. Die Menschheit ist ein unteilbarer Organismus und die Globalisierung zeigt uns das von der Seite der Wirtschaft, dass die Menschheit wirklich eine Einheit ist.

Es gab einen Engländer, Jeremy Bentham hieß er, und der hat diesen Gedanken in die Welt gesetzt, dass man für das Glück der höchstmöglichen Zahl von Menschen sorgen muss.[15] Man muss danach streben, dass die höchstmögliche Zahl von Menschen glücklich ist. Ist der Gedanke richtig? Der Gedanke ist ein völliger Unsinn. Dann müsste ich mit meinem Körper danach streben, dass die höchstmögliche Zahl der Glieder gesund ist. Doch wenn auch nur zwei oder drei krank sind, ist der ganze Körper krank. Es gibt keine höchstmögliche Zahl von glücklichen Menschen. Entweder alle oder keiner.

Die Menschheit ist unteilbar. Es ist ein einziger Organismus. Und diese Gedanken werden immer wichtiger. Und das sind die Gedanken,

---

15 s. Jeremy Bentham's (1748-1832), *A fragment on government* (London 1776), S. II: «it is the greatest happiness of the greatest number that is the measure of right and wrong». Rudolf Steiner spricht in den beiden Vorträgen vom 7. und 8. September 1918 über Benthams Anschauung: «Und man hat mit einem gewissen Recht die Anschauungen Benthams als Utilitarismus, auch im tieferen Sinne als Utilitarismus bezeichnet.»

in denen die Verstorbenen, die Toten, absolut drinnen leben, weil die Sonderung ohne Körper nicht mehr da ist. Denn der Gedanke, dass wir nach dem Glück der höchstmöglichen Zahl der Menschen streben, besagt, dass ein Teil ausgeschlossen bleiben muss. Das ist der Grundsatz der Unmenschlichkeit.[16]

16 Der Vortrag endet mit folgendem praktischen Hinweis: «Um halb zehn, viele von Ihnen kennen das, machen wir eine Minute Pause, für die, die gehen müssen, und dann zeigt uns die Monika Grimm die Neuigkeiten des Verlags, vor allem dieses Buch *Wiederentdeckung der Seele* (Rudolf Steiner, *Wiederentdeckung der Seele,* Ein Grundkurs in Psychologie). Und jetzt haben wir eine Viertelstunde, wo Sie wiederum, wobei einiges schon geschehen ist, vielleicht Fragen haben.»

Fragenbeantwortung

Teiln.: Welche Rolle spielen die Motive meines Handelns im nachtodlichen Erleben der Wirkungen dieser Handlungen? Ist mit der Objektivität oder mit der Positivität der Wirkungen ein reiner Positivismus gemeint? Ich habe ein gutes Motiv, aber die Wirkung meiner Handlung ist eigentlich objektiv schlecht und umgekehrt.

P. Archiati: Eine ganz wichtige Frage. Also jetzt werde ich das anhand von Beispielen beantworten, und dann wird es konkret. Also wir haben es mehr von der negativen Seite her geübt. Aber das gilt genauso für die positive Seite. Wir haben gesagt, ein Mensch erlebt rückläufig das ganze Leben, und er erlebt, was der andere anhand seines Tuns erlebt hat.

Wenn die Mutter die Tochter im Stich gelassen hat, erlebt sie jetzt nach dem Tod, was die Tochter erlebt hat. Aber genauso für das Positive: Wenn ein Mensch Freude, Dankbarkeit erlebt hat, weil er sich gefördert gefühlt hat von dem, der jetzt gestorben ist, erlebt der Verstorbene jetzt diese Dankbarkeit, er erlebt, was der andere in der Dankbarkeit, in der Freude erlebt hat. Das wird genauso erlebt. Und das ist der Anlass, noch mehr Liebe und gegenseitige Förderung in Angriff zu nehmen.

Und jetzt stellt er diese Frage. Nehmen wir den Fall, dass die Absicht der Mutter gut war. Ich nehme jetzt Mutter und Tochter als Beispiel, um es konkret zu machen. Die Mutter hat der Tochter eine Hilfe verweigert. Und die Absicht war gut, weil die Mutter gedacht hat, wenn ich der Tochter helfe, wird das für die Tochter verderblich sein. Das könnte ja sein. Und es wird nur gut sein für die Tochter, wenn ich diesmal die strenge Hand gebrauche.

Die Antwort ist, ich sage das jetzt direkt: Jeder von uns, jeder Mensch weiß, wenn er etwas tut, ob der überwiegende Motor die Liebe oder der Egoismus ist. Wenn man ehrlich mit sich selbst ist, weiß man das. Und beides kommt ja vor, weil wir sowohl ein höheres Ich voller Liebe haben wie auch ein niederes Ich voller Egoismus. Und der Grundsatz der Moral, der menschlichen Moral ist, dass das, was ein Mensch mit dem Motiv der Liebe, das heißt aus Liebe tut, immer gut ist und Gutes bewirkt. Auch wenn scheinbar die Wirkung zunächst negativ erscheint. Und wenn ein Mensch etwas aus Egoismus tut, kann es unmöglich gut wirken, die Wirksamkeit kann unmöglich gut sein, auch wenn es zunächst scheint, dass es gut ist.

Das heißt, wenn mit Absicht die treibende Kraft gemeint ist, dann ist die Antwort: Wenn die treibende Kraft die Liebe ist, dann ist die Handlung gut und die Wirksamkeit gut. Wenn die treibende Kraft der Egoismus ist, ist die Handlung nicht gut und die Wirkungen können unmöglich gut sein.

Teiln.: Dann liegt der Irrtum im Erkennen dieses Umstandes.

P. Archiati: Ganz genau.

Teiln.: Ich habe eine Frage zu dem Willensbereich der verstorbenen Menschen. Und zwar haben wir darüber gesprochen, dass man den Verstorbenen vorlesen kann. Und wenn ein Mensch im irdischen Leben die Geisteswissenschaft nicht haben will, und sagt ganz deutlich: Lass mich damit in Ruhe! Trete ich da nicht zu stark in den Willensbereich? Ich weiß, das darf man nicht, im irdischen Leben darf man das nicht. Wie ist es denn, wenn er stirbt, und ich lese vor und ich weiß, dass er das nicht wollte? Oder ist es anders mit dem Willen im Nachtodlichen?

P. Archiati: Nicht nur anders, sondern völlig umgekehrt. Das muss man wirklich ganz prinzipiell mit Erkenntnismut sich anschauen: Das Leben im Körper und das Leben im rein Geistigen sind im Grunde genommen so polar entgegengesetzt, dass alles sich umkehrt. Auch dieser Wille kehrt sich um. Das heißt, ein Mensch, der am meisten gegen die Geisteswissenschaft auf der Erde geschimpft hat, ist in der geistigen Welt am meisten aufgeschmissen und muss per Natur am meisten diese Geisteswissenschaft ersehnen. Er kann nicht anders. Und er ist am allermeisten dankbar, wenn jemand ihm diese Gedanken entwickelt. Das ist Gesetz.

Ein Mensch, der von Geisteswissenschaft, von Anthroposophie oberflächlich geschwärmt hat, dem kann es vielleicht wurst sein, wenn man ihm vorliest nach dem Tod, weil er die Geisteswissenschaft auf die leichte Schulter genommen hat. Aber der, der gegen die Geisteswissenschaft schimpft, der nimmt sie ernst, sonst bräuchte er nicht so zu schimpfen.

Und dieser Ernst kehrt sich um. Und jetzt merkt er: Das ist das Wichtigste, was ich jetzt bräuchte. Und jetzt ist er dankbar, eine Frau gehabt zu haben, die Anthroposophin ist. Und er ist dankbar, dass sie noch ein paar Jahre auf der Erde wartet, um ihm das «nachzutragen». Das sind Realitäten, das sind wirklich Realitäten.

Das kann für ein Ehepaar, das auf der Erde ist, wirklich Kraft geben, es durchzustehen: Lieber Mann, das ist wunderbar, dass du jetzt so schimpfst. Ich warte nur auf die Zeit, wenn du stirbst. Es muss nicht sofort sein. Und dann wollen wir gucken, wie es aussieht. Und wenn die Frau früher stirbt, dann hat er Pech gehabt. Und das wird er nach dem Tod erfahren.

Also das sind Realitäten. Entweder reden wir von Realitäten oder wir reden von reiner Luft. Und überlegen Sie sich, welchen Trost, welche Kraft das geben kann. Das heißt, das Schlimmste, auch dieser geisteswissenschaftlichen Bewegung, ist die Gleichgültigkeit oder das Auf-die-leichte-Schulter-Nehmen.

Aber ein Mensch, der dagegen gewaltig schimpft, toll, toll! Hauptsache, du kannst unmöglich dieser Sache gegenüber gleichgültig sein. Und dann warten wir, bis du stirbst, dann wollen wir sehen. Denn ein Mensch, der dagegen schimpft, merkt überbewusst das Gewicht dieser Sache, sonst bräuchte er sich nicht so zu echauffieren. Man kann absolut sicher sein, dass ein Mensch, der vor dem Tod am meisten dagegen war, nicht anders kann – es geht nicht anders –, als dass er nach dem Tod am meisten dafür ist. Denn jetzt muss er sich orientieren, versucht er sich auszukennen.

Ein paar Jahre kann man das ruhig auch durchstehen. Schwierig wird es, wenn der eine in der Ehe dem anderen nicht erlaubt, auch eine gewisse Freiheit in Anspruch zu nehmen, was ihm zusagt oder ihr zusagt. Aber die Individualisierung schreitet immer weiter fort, sodass ein Ehepaar gar nicht funktionieren kann, ohne dass auch die gegenseitige Freiheit immer kräftiger einfach gefördert wird. Denn wenn eine Ehe zur gegenseitigen Erstickung wird, ist sie zum Scheitern verdammt, verurteilt.

Es funktioniert nur, wenn vor allem die zwei Menschen, die ganz eng miteinander leben, sich gegenseitig genügend Autonomie gönnen und das auch gerne tun. Ist das für dich wichtig? Mach das, ich freue mich. Und wenn zwei Menschen nichts mehr gemeinsam haben? Es genügt, dass sie das Karma gemeinsam haben. Das genügt. Die Kinder sind Erwachsene, jetzt haben wir nichts mehr gemeinsam.

Was sagen die Großeltern dazu, die verstorben sind? Was sagen die Verstorbenen dazu? Fühlt euch frei! Das können sie sagen, was sonst! Aber die zwei sind auch frei, zusammenzubleiben aufgrund des gemeinsamen Karmas. Das ist nicht verboten. Aber aus der Freiheit heraus, nicht aus Angst vor dem, was die Menschen dann sagen. Das ist niemals gut.

Im *Märchen von der grünen Schlange und der schönen Lilie* von Goethe ist am Ende ein Satz über die Ehe. Es ist ein Grundsatz für alle Ehen. Und da heißt es: Ab heute ist keine Ehe gültig, die nicht jeden Tag neu geschlossen wird. Das ist der Grundsatz der Freiheit. Aber sie kann jeden Tag neu geschlossen werden, aber nur dann ist sie eine gültige Ehe. Oder man kann sie schließen.

Jetzt bin ich der Ausländer, der Deutsch lernen muss, um gut integriert zu werden. Wenn man eine Ehe schließt, wird die Ehe geöffnet oder geschlossen? Zwei Menschen haben eine Ehe geschlossen, sie haben zugemacht, geschlossen. Ja, erklären Sie das einem Ausländer. Also der Genius der Sprache ist total genial. Denn Schließen hat mit Schluss zu tun. Schluss!

Teiln.: Sie haben den Abstand ausgeschlossen. Den früheren Abstand haben sie ausgeschlossen [unv.]

P. Archiati: Ich verstehe den Gedanken nicht.

Teiln.: Sie kamen sich nahe und haben den Abstand, der früher war, ausgeschlossen.

P. Archiati: Aha, dann haben sie den Abstand «geschlossen», aber man sagt die Ehe, sie haben die Ehe geschlossen, nicht den Abstand.

Teiln.: Es heißt, den Bund der Ehe geschlossen, so heißt es eigentlich.

P. Archiati: Wir machen eine Minute Pause und dann schätze ich, dass Sie alle bleiben, und wir hören dann vom Verlag. Wir haben tolle Neuigkeiten zu berichten.

Fünfter Vortrag

Eine Wissenschaft der Entwicklung

Von Seele und Geist

Unterlengenhardt, 6. Januar 2010 (vormittags)

Sehr verehrte Anwesende, liebe Freunde!

Sie wissen, dass wir in immer noch christlichen Landen heute Epiphanias feiern. Das Wort ἐπιφαίνειν (epiphainein) – darf ich Ihnen das auf Griechisch an die Tafel schreiben. ἐπι (epi) heißt «darauf». Epi ist eine Präposition und bedeutet «darauf», aber von oben herab, kommt darauf. Und φαίνειν (phainein) oder phaino, phanei, phanias – ich schreibe phanias – heißt «Erscheinen, Phänomen, Erscheinung».

Im Wort Epiphanias ist also enthalten, dass der Sonnengeist, den unsere Vorfahren, die noch christlicher waren als wir, den Christus genannt haben, dass dieser Sonnengeist beschlossen hat, in der Mitte der Entwicklung zum Erdgeist zu werden. Das sind ganz wichtige Dinge.

Und dass er zum Erdgeist geworden ist, ist eigentlich der Sinn der Erde, das ist die Entwicklung des Menschen. Da gab es dann einen Menschen, Jesus von Nazareth, der bis dahin, wie soll ich sagen, die Quintessenz, das Schönste des Menschlichen diesem Christus entgegengebracht hat. Und im Johannes-Evangelium heißt es: Bei der Taufe im Jordan – der Jesus ist 30-jährig bei der Taufe im Jordan –, das ist das Fest von heute, macht das Ich des Jesus, das Menschen-Ich, dem Christus-Ich Platz.

Dieses Christus-Ich, dieser Sonnengeist, kommt auf den Jesus herab und bleibt, so heißt es im Johannes-Evangelium, drei Jahre lang verbunden mit diesem Jesus, sodass der Jesus, der gute Jesus, der ja ein Mensch ist, der beste Mensch, wenn Sie so wollen, zum Christus-Träger wird. Das ist Epiphanias. Der Mensch wird zum Träger des Sonnengeistes.

Das wollen wir ein bisschen erläutern, was das heißt. Also das hier ist ein Mensch (Tafel). Und den Sonnengeist mache ich hier schön, also das ist ein mächtiger Geist. Und die Menschen sagten: Mensch, wenn der redet, er redet wie der Sturm, da passieren Dinge. Es ist nicht wie bei den Schriftgelehrten, die Dinge sagen und es passiert gar nichts. Das ist dieser Christus-Geist oder Sonnengeist.

Epiphanias – der Sonnengeist kommt und er scheint auf den Jesus drauf. Und was bringt dieser Jesus ihm entgegen? Was sind die Voraussetzungen dafür? Denn das möchten wir auch gerne, das möchte ich auch gerne mal, ein bisschen, immer mehr. Und dann muss man sich fragen: Was sind die Voraussetzungen? Ja, was schätzen Sie?

Was ist das Beste, was man diesem Christus, diesem Erlöser, der die Gesamtkräfte der Erlösung der Menschheit bringt, nach oben in die geistige Welt entgegenbringen kann? Das Beste, was der Mensch dem Sonnengeist entgegenbringen kann, ist, nachdem er sich seine Erlösungsbedürftigkeit zum Bewusstsein gebracht hat: Komm, komm, komm, ohne dich geht es nicht weiter. Komm, komm, komm, wir brauchen dich.

Jetzt sagen Sie vielleicht: Ja, ich empfinde wenig von dieser Erlösungsbedürftigkeit, denn die Sache ist nicht ganz überzeugend. Denn ich habe gesagt, dieser Mensch ist zwar der beste Mensch, aber warum soll der gerade am meisten für die Erlösungsbedürftigkeit dastehen? Der hat sie doch am wenigsten!

Wie lösen wir das Problemchen? Ganz einfach. Dieser Mensch hat dem Sonnengeist, dem Christus, das Mitleid entgegengebracht, das verinnerlichte Mitleid für die Erlösungsbedürftigkeit aller Menschen. Und das ist ganz gewaltig. Also wenn ein Mensch, jeder von uns, ein Ottonormalverbraucher meint, ich empfinde nicht genügend diese Erlösungsbedürftigkeit, brauchen wir nur auf die Wirtschaftskrise zu schauen, wie der Alltag immer schwieriger wird, wie die Existenz immer gefährdeter ist.

Können wir nicht genügend Mitleid mit den Mitmenschen erleben, weil es immer schwieriger wird? Und dieses Mitleid, das Bewusstsein, dass wir wirklich Kräfte für eine geistige Regeneration brauchen, das ist das, was dem Sonnengeist am meisten ermöglicht, uns Inspirationen zu geben. Mitleid heißt, ganz gewaltig mit den Mitmenschen um die jetzige Lage zu ringen, wo die Menschlichkeit immer mehr weg ist und die Unmenschlichkeit immer gewaltiger wird.

Und in dem Maße, wie der Mensch diesem Sonnengeist, der nur darauf wartet, einschlagen zu können – aber er muss die Freiheit heilighalten, berücksichtigen –, dieses Ringen, in dem Maße, wie er dieses Mitleid mit der Menschheit ihm entgegenbringt, staunt der Mensch, dass er Inspirationen, Gedanken darüber bekommt, was man machen kann. Und diese Inspirationen der Menschlichkeit kommen vom Geist der ganzen Menschheit.

Was ich Ihnen heute Morgen sagen wollte, ist, wenn man die Tausenden von Vorträgen Steiners liest – es sind ja Tausende von Vorträgen, diese Geisteswissenschaft, und Vorträge über das Leben der Verstorbenen, über die Toten, gibt es ja Hunderte. Ich kann das nur empfehlen, das ist wunderbar. Und in einem Seminar kann man nur ein paar Dinge zur Sprache bringen.

Aber eines betont Rudolf Steiner immer wieder, er sagt: Für den Verstorbenen, also für den Toten, eines der wichtigsten Dinge nach dem Tod, ein Zentrales, ein ganz Wesentliches für jeden Menschen, der stirbt, ist sein Ringen um die Erkenntnis des gemeinsamen Geistes aller Menschen.

Denn nehmen wir an, der Vater ist gestorben, die Mutter ist gestorben, die Großeltern sind gestorben. Und jetzt frage ich mich oder ich möchte denjenigen fragen: Was ist deine Hauptbeschäftigung? Was ist das Wichtigste für dich? Und in dem Maße, wie der Mensch es im Leben versäumt hat, eine Beziehung zum Christus aufzubauen, ist das tragisch. Manche sagen wegen des Namens, wegen des Wortes Christus: Nein, danke. Das ist tragisch. Denn ein Mensch, der als Verstorbener in die geistige Welt kommt und keine Beziehung zu diesem Menschheitsgeist gehabt hat, weil er das verschmäht hat, hat es am allerschwierigsten, sich zu orientieren. Denn dieser Geist ist die Struktur, ist die Einheit, ist die Organisierung, wie die ganzen Engel zusammenhängen.

Es ist ergreifend, das immer wieder bei Steiner zu lesen. Denn der Verstorbene ringt mit dem Mysterium des Ich! Und wenn man mit zu wenig Ichhaftigkeit, Ichkraft, stirbt, zerfließt man. Das Problem, die Gefahr ist, dass man sich auflöst, sich verdünnt in den ganzen karmischen Geschehnissen, was man an Begegnungen gehabt hat und so weiter. Moment, bin ich ein Ich oder bin ich nur aufgelöst in einer Unendlichkeit von Geschehnissen? Der Mensch ringt mit dem Ich.

Er wird sich als Ich, als selbstständiger Geist nur in dem Maße erleben können, in dem er, wenn nicht im Leben, dann mindestens so viel wie möglich nach dem Tod, mit diesem Sonnengeist ringt. Denn der Sonnengeist, der sogenannte Christus, ist die Gesamtheit der Kräfte des Ich. Das kann ich natürlich jetzt nicht nach verschiedenen Seiten erläutern, um es für uns in unserer Sprache verständlich zu machen. Im Johannes-Evangelium nennt sich dieser Geist einerseits Logos. Ich schreibe das auf Griechisch an die Tafel: λόγος.

Denn jetzt ist die Frage, wie wird man zum Ich? Durch das Denken, erstens. Aber dadurch, dass man selbst denkt. Dadurch, dass man das Denken ichhaft, individuell, schöpferisch, freiheitlich in die Hand nimmt durch Konzentration, durch Aufmerksamkeit, durch Immer-lebendiger-Werden im Denken. Und dadurch, dass man sich nicht nur berieseln lässt durch die Bombardierung der Wahrnehmungen, der Informationen, wie wir das haben, sondern sagt: Schluss jetzt mit der Glotze, genug der Wahrnehmungen, jetzt gucken wir, was ich daraus mache!

Ich lese die Zeitung, ich habe einen Artikel gelesen, damit ist genug. Wichtig ist jetzt, was ich darüber denke und nicht, dass ich noch den nächsten und noch den nächsten Artikel lese und mir noch das nächste Bild anschaue. Inzwischen gibt es auch in den Zeitungen Bilder. Die FAZ hatte bis vor einem oder zwei Jahren keine Bilder. Aber jetzt haben sie auch nachgeben müssen, jetzt sind auch Bilder darin. Und in Zeitschriften sowieso. Es gibt Menschen, die nur die Bilder anschauen. Das ist eine Bombardierung von Wahrnehmungen. Vom Denken null Komma nichts, sagt man auf Deutsch, im Schwäbischen.

Also, zu einem Ich zu werden, frei, immer freier, immer schöpferischer zu werden heißt, mindestens drei Liter Logoskräfte jeden Tag aufzunehmen. Und was heißt Logos? Mit «die Weltvernunft», «das Weltenwort» wird es übersetzt. Logos ist das Wort. Nur die Griechen haben ein Wort, Logos, das sowohl «das Denken» wie auch «das Sprechen» bedeutet. Denn die Gedanken werden auf den Flügeln der Sprache geäußert. Und wenn ein Mensch gut denkt, dann sagt man: Er denkt logisch. Das kommt vom Logos. Und die moderne Unlogik ist der Garaus des Logos.

Die Logik, das sind die Gesetzmäßigkeiten des Denkens, die Denkstrukturen der Welt: die Formen in der mineralischen Welt, die metamorphosen Denkstrukturen in der Pflanzenwelt, die Empfindungsstrukturen in der Tierwelt und die Ich-Werdungs-Gedankenstrukturen in der Menschenwelt. Logos. Denn Steiner hat für dieses Weltenwort, für dieses Wort eine wunderbare deutsche Übersetzung in seiner *Philosophie der Freiheit.* Er nennt diesen Logos «Gedankenmonismus», eine der besten Übersetzungen von diesem griechischen Wort.

Gedankenmonismus heißt, dass die ganzen Gedanken, die der Schöpfung zugrunde liegen, ein Organismus sind. Monismus heißt, sie sind ein Organismus. Sie sind so logisch, so schlüssig gedacht, dass es eine Einheit ist, nicht ein Sammelsurium. So logisch wie ein Organismus. Denn was heißt Organismus? Er ist nicht ein Sammelsurium, sondern er ist vernünftig logisch strukturiert. Alle Begabungen, alle Funktionen aller Glieder entsprechen allen Bedürfnissen aller Glieder.

Also die Logik der Menschheit, die Liebeslogik, wodurch die Menschheit, die Gesamtheit der Menschen, gedacht worden ist, ist so. Nur übersteigt das unsere Denkfähigkeit ins Unendliche, aber den Begriff können wir als Entwicklungsperspektive denken. So, wie die Glieder eines Organismus so gedacht worden sind, dass organisch alle Funktionen, alle Begabungen – wofür das Herz begabt ist, wofür die Milz begabt ist, wofür die Leber begabt ist – allen Bedürfnissen entsprechen, so sind die Menschen ganz real – der Gedanke ist so wunderbar, so tragend – so gedacht, dass alle Begabungen aller Menschen perfekt allen Bedürfnissen aller Menschen entsprechen. Und in dem Maße, wie wir das hinkriegen, immer reiner.

Für jedes Bedürfnis eines Menschen gibt es irgendwo im Organismus der Menschheit die Begabung dafür, um es zu befriedigen. Wenn wir das als Perspektive des Sozialen nehmen, um das zu üben, kann das wirklich unendliche Erfindungen, unendliche Intuitionen aus der Fantasie der Liebe in uns erzeugen. Die kommen alle von diesem Logos. Und der zweite Name des Logos im Johannes-Evangelium ist (Tafel): ἐγὼ εἰμί (ego eimi). Ich bin ein Ich. Hier haben wir das Ich. Das heißt, das Mysterium der Menschheit ist ein Zweifaches.

Wir sind eine Einheit, eine logische Einheit, ein Organismus, ein Gedankenorganismus. Aber dieser Gedankenorganismus, diese einheitliche Menschheit besteht aus Ich-Wesen, wo jedes Ich selbst denken und selbst lieben kann. Dies ist der Unterschied zum physischen Organismus, zum physiologischen Organismus, wo wir nicht von jedem Glied sagen können, dass jedes Glied, zum Beispiel die Leber, selbst denken und sich bewusst und freiheitlich in diesen Organismus eingliedern kann.

Das sehen wir in der heutigen Menschheit. Die Globalisierung zeigt uns das Organische, das Unteilbare der Menschheit und auch der Erde. Sie zeigt uns, dass dieser Geist der Menschheit ein einheitlicher Geist ist. Das kommt mehr von der Seite der Wirtschaft. Und es kommt mehr von der Seite des Geistes, dass das Gegenüber zur Globalisierung das Individuum ist, nicht die Gruppe. Die Gruppe macht die Vermittlung, die Gruppe soll vermitteln zwischen Menschheit und Individuum.

Jede Gruppe ist nur in dem Maße gut, in dem sie der Menschheit und dem Individuum dient. Und jede Gruppe ist widermenschlich, wenn sie den Anspruch erhebt, das Individuum solle ihr dienen. Das ist widermenschlich! Denn was ist wichtiger, das Individuum oder eine Gruppe? Wenn die Gruppe wichtiger wird, wird die Macht einiger weniger Individuen wichtiger. Das ist die Gruppe. Wo die Gruppe mächtig wird, ist das die Macht einiger weniger Individuen, die andere «übermächtigen».

Es ist ganz wichtig, dass wir uns klar machen: Das Menschliche ist beim Ich. Das ist ein Geist. Eine Gruppe ist eine Summe von Geistern, außer dass manche von ihnen ausgelöscht werden, oder übermächtigt werden oder ausgebeutet, eingeschüchtert werden.

Also, das Menschliche ist beim Ich als einzelner Geist und bei der Menschheit als Sonnengeist, als Menschheitsgeist, als Christus-Geist. Denn dieser Geist ist eine Realität. Und ich wollte Ihnen sagen, es gehört zum Wichtigsten, was Rudolf Steiner, was die Geisteswissenschaft über die Verstorbenen, über die Toten sagt, dass ihr tiefstes Ringen nach dem Tod das Ringen um die Verbindung mit dem Christus ist.

Denn jetzt stirbt jemand, mein Vater oder mein Großvater. Nehmen wir einen Mann, weil der Mann ja weniger religiös ist. Im Leben hat er keine Zeit für den Christus gehabt. Da hat er die Frau in die Kirche geschickt, zum Beispiel. Und jetzt merkt er, dass ohne Verbindung zu diesem einheitlichen Geist er sich nicht orientieren kann. Denn was heißt sich orientieren in einem Organismus? Sich orientieren heißt, dass ich das Kleinste nur im Zusammenhang mit dem Ganzen verstehen kann.

Was ist der Begriff der Nase? Kann ich Nase ohne Körper verstehen? Ganz unmöglich. Und die Menschheit ist ein Organismus. Die ganzen Engelhierarchien sind ein Organismus, sie sind auch eine Einheit, nicht nur ein Sammelsurium. Also die Hauptbeschäftigung des Verstorbenen ist die Frage: Wie hängt das Ganze zusammen? Was ist der einheitliche Sinn des Ganzen?

Und die Antwort ist: Lieber Mensch, du hättest Zeit gehabt auf der Erde. Wenn dich das Wort Christus gestört hat, weil du an die Kirche gedacht hast, an die katholische Kirche – und ich sage nicht, dass sie die beste Kirche ist –, warum bist du bei diesem Wort geblieben? Das ist Faulenzerei, es nur als Ausrede zu nehmen, dass das Wort Abneigung in dir erregt wegen der Katholiken, wegen Rom, wegen der katholischen Kirche und du dich deshalb mit diesem Geist nicht beschäftigst. Lass das Wort beiseite.

Du hast einen Archiati Verlag (seit 2013: *Rudolf Steiner Ausgaben*) gehabt, der dieses Wort in ganzen Bänden durch das Wort Sonnengeist ersetzt hat. Du hättest diese Bände lesen können. Aber du kannst jetzt nicht verlangen, dass ohne jede Beziehung zu diesem einheitlichen Geist du die Einheit des Ganzen verstehst, du bist verloren nach dem Tod. Das sind ganz reale Dinge, verehrte Anwesende, ganz, ganz reale Dinge.

Rudolf Steiner schildert, wie die Toten, die Verstorbenen ringen. Denn es geht um das innerste Wesen des Menschen, um diese Beziehung zum Ich, zum Wesen des Ich. Aber ich bin ein Ich nur im Organismus der Menschheit. Vielleicht mache ich das jetzt so (Tafel). Das ist hier, wenn Sie so wollen, die Menschheit als Organismus, nur skizzenhaft. Aber jeder Mensch ist ein Ich darin. Hier ein Ich, skizzenhaft, Sie verstehen, wie ich das meine.

Ich kann nur meine Identität finden, ich kann nur wissen, wer ich bin, wenn ich weiß, wer ich in der ganzen Menschheit bin. Wer bin ich in der Menschheit? Ich bin alles, was ich im Laufe von Jahrtausenden in der ganzen Menschheit bewirkt habe. Das habe ich getan, und das bin ich.

Also der Gedanke, dass das Ich zentriert wäre, ist ein total materialistischer Gedanke. Dieser Gedanke kommt vom Materialismus, dass wir, wo wir im Körper stecken, auf dieses Stück Materie deuten und sagen: ich, ich, ich. Dabei habe ich gestern jemanden zum Teufel geschickt, und der ist jetzt am Boden zerstört. Und ich sage: ich, statt zu sagen: Dort bin ich, dort bin ich wirksam. Rudolf Steiner sagt, die Geisteswissenschaft sagt: Wir müssen von den abstrakten Definitionen wegkommen, und wir müssen die Kunst lernen zu erzählen, zu beschreiben.

Nehmen wir an, wir stellen die Frage: Was ist die Sonne? Wo ist die Sonne? Da, das ist die Sonne! Unsinn ist das, eine totale Abstraktion.

Die Sonne ist überall dort, wo sie wirkt. Das ist doch selbstverständlich. Jetzt müsste man beschreiben, was die Sonne alles macht. Diese Beschreibung ginge ins Unendliche. Das heißt, die Sonne, das Sonnenwesen, der Sonnengeist ist eine Unendlichkeit der Wirksamkeit der Liebe und der Weisheit. Und eine Definition wie «das ist die Sonne» ist eine totale Abstraktion.

Jetzt stellen wir einem Menschen die Frage: Wer bist du? Wie sagt man auf Schwäbisch, wer bist du?

Teiln.: Wer bischt du?

Genau so sagt man es: Wer bischt du? Und die Antwort? Du bist all das, was du verbrochen hast, auch was du Gutes getan hast. Ja, was sonst? Wer bin ich? All das, was ich vollbracht habe, was ich gedacht habe, was ich geliebt habe, die ganze Summe von Egoismus, aber wie es gewirkt hat. Das heißt, jedes Ich ist eine Unendlichkeit von Wirksamkeit. Es leuchtet ein.

Aber wenn wir das so sagen, kommen wir von bequemen Abstraktionen weg und wir kommen zurück in die Wirklichkeit. Denn wenn ich mich jetzt damit befassen muss, wo ich etwas bewirkt habe, was ich bewirkt habe, dann geht das ins Unendliche.

Und was ich alles bewirkt habe, ist die Hauptbeschäftigung der Toten, weil wir während des Lebens keine Zeit und auch keine Möglichkeit dazu haben, so subtil, so real zu erfahren, wie wir angekommen sind beim anderen und was ich bewirkt habe bei dem, den ich im Stich gelassen habe. Und was ich bewirkt habe bei dem, dem ich versucht habe zu helfen, und er hat das ausgenutzt. Es wäre besser gewesen, wenn ich ihm gesagt hätte: Nein, jetzt musst du dich selbst behaupten.

Weil wir uns diese Zeit während des Lebens nicht nehmen, weil wir anderes zu tun haben, ist das die Hauptbeschäftigung der Toten: Wer bin ich? Und der Sonnengeist sagt: Guck da, was du gemacht hast. Und der Verstorbene sagt: Ja, aber ich habe es gut gemeint, als ich meinem Sohn die 200 Euro nicht gegeben habe. Ja, aber guck auf die Wirkung! Es genügt nicht, dass du nur gute Intentionen hast.

Eine Mutter, die das Kind innigst liebt, das neugeborene Kind, hat sie genug mit ihren Intentionen oder guckt sie, wie das ankommt, was sie tut? Sie guckt doch, wie das ankommt. Gestern wurde die Frage gestellt, was ist das Gewicht der Absicht? Die einzig moralisch reine Absicht ist die Absicht, so aufmerksam wie möglich die Folgen der eigenen Entscheidung zu verfolgen. Denn die kann man nicht von vornherein wissen. Dann ist die Absicht gut.

Ich will sehen, was daraus wird und mich immer wieder umstellen, je nachdem, was daraus wird. Denn ich habe entschieden, meinem Sohn nicht zu helfen. Aber ich muss gucken. Wenn ich sehe, dass das verhängnisvoll wirkt und er die Hilfe wirklich nötig hat, dann helfe ich ihm. Oder ich habe entschieden, ihm zu helfen, ihm 500 Euro zu geben, und das wird ihm zum Verderben, dann kriegt er sie das nächste Mal nicht.

Das heißt, die Liebe ist die Kunst, am Ball zu bleiben und zu gucken, um sich nach dem zu orientieren, was auch für den anderen sich als förderlich oder abträglich herausstellt. Das kann ich nicht von vornherein wissen. Denn wenn wir alles schon von vornherein wüssten, wären wir der liebe Gott. Nicht einmal er wusste es! Denn in der Bibel heißt es, dass der liebe Gott selbst nicht gewusst hat, ob seine Schöpfung gut gerät. Erst nachdem er das Ganze drauflos geschaffen hatte, hat er geguckt und war überrascht zu sehen, dass es gut war.

Warum hat er es im Nachhinein gewusst? Wenn man von vornherein schon wüsste, was aus einer Schöpfung wird, wäre sie keine Schöpfung, sie wäre schon geschaffen. Das heißt, Schöpfung bedeutet immer Mut und Aufmerksamkeit, um dranzubleiben. Und die Kraft der Aufmerksamkeit, das ist die Liebe. Denn eine Entscheidung ist niemals gut, wenn man sie trifft. Jede Entscheidung, die man trifft, kann die Schlimmste werden, wenn man nichts Gutes daraus macht.

Jede Entscheidung, die man trifft, kann gut werden, wenn man Gutes daraus macht. Das heißt, wenn man eine Entscheidung trifft, hat man noch gar nichts. Woher soll man wissen, ob sie die richtige ist oder nicht? Man hat noch keine Folgen. Erst durch die Folgen wird eine

Entscheidung richtig oder unrichtig. Aber ich muss warten, was der andere daraus macht und was ich daraus mache.

Das heißt, unsere Abstraktion verlangt, dass, bevor wir uns für etwas entscheiden, wir schon wissen, ob die Entscheidung die richtige ist. Und wir plagen uns: Mensch, ich habe eine wichtige Entscheidung. Probiere doch etwas und mach das Beste daraus! Und dann wirst du sehen. Man verlangt zu wissen, bevor man entscheidet, ob die Entscheidung die richtige ist.

Und jetzt ist man sicher, dass man die richtige Entscheidung getroffen hat, man setzt sich auf das Sofa und keiner macht etwas Gutes daraus. Und dann ist man maßlos enttäuscht, dass die anderen nichts Gutes daraus gemacht haben. Denn ich habe ja die richtige Entscheidung getroffen.

Sehen Sie die Trägheit des modernen Geistes, wie träge der Mensch geworden ist, weil er seine ganzen Willenskräfte in der Wirtschaft, im Anschaffen von materiellen Gütern, im Immer-weiter-Perfektionieren der Maschinen verpufft! Und die Autos müssen immer wieder besser werden und Opel muss gerettet werden. Es waren fast vier Millionen Menschen, die sich durch die Schrottprämie ein neues Auto angeschafft haben.[17] Und wir haben keine Zeit, um als Geister, als Seelen weiterzukommen.

Ich weiß nicht, ob Sie diese Ausgabe vom *Spiegel* wahrgenommen haben. Ich habe den *Spiegel* abonniert, weil ich das leidenschaftlich gerne lese, weil mich interessiert, was die Menschen lesen. Ich lese ihn nicht, um zu wissen, was in der Welt passiert. Und es gab eine Ausgabe vom *Spiegel:* auf dem Titelblatt ein Haufen von Autos zusammengepresst als Schrott. Und da stand als Titel: «Schrott sei Dank!» Ich fand das entzückend.

Und dann kommt General Motors von Amerika, schmeißt die Angela Merkel raus und verkauft Opel nicht. Nein, wir behalten Opel, weil wir die Besitzer sind. Das ist unser privates Eigentum. Ich kann mir vorstellen, dass die «kleine» Angela – Angela heißt ja «Engelwesen» – ein bisschen enttäuscht war. Sie hat ja die Begrenzung ihrer Macht gesehen.

---

17 *Spiegel* (19.12.2009): «Nicht zuletzt dank der Prämie wurden 2009 in Deutschland über 3,80 Millionen Neuwagen gekauft – 25 Prozent mehr als im Vorjahr.»

Also, ich will sagen, vor lauter Beschäftigung mit der materiellen Welt, sodass wir alle unsere Kräfte, unsere Ausbildung und so weiter für die materielle Welt verbrauchen, werden wir immer mehr zu Banausen, was die geistige Welt angeht. Aber wir müssen das selbst büßen, weil wir Seelen sind, wir sind Geister, jeder Mensch ist ein Geist. Und wir werden immer mehr Menschen haben, die depressiv werden oder aggressiv werden, weil sie unerfüllt sind.

Denn Erfüllung, Glück kann man nur in der Tiefe der Seele, im Reichtum der Seele und in der Weite des Geistes erleben. Dafür ist der Mensch geschaffen. Also wir müssen uns wirklich überlegen, ob wir nicht dieses Materielle maßlos übertreiben. Ich will das jetzt nicht zu weit ausführen, manche von Ihnen waren erschrocken, weil ich gestern eine Andeutung gemacht habe. Das ist ja immer problematisch, wenn man eine Andeutung macht, ohne sie auszuführen, vor allem, wenn sie wuchtig ist.

Ich habe gesagt, alle Erbschaften gehören abgeschafft. Und dann habe ich hier so viele blasse Gesichter vor mir gesehen. Und ich sagte mir, Mensch, jetzt habe ich nicht die Zeit, das einzubauen. Erbschaften gehören abgeschafft, weil es für uns alle etwas viel Besseres gibt. Denn dadurch, dass ein Mensch sagt: Mensch, wenn ich meine bescheidene Erbschaft nicht gehabt hätte, hätte ich mir mein Häusle nicht bauen können. – Gell, die Schwaben sind Häuslebauer, habe ich mir sagen lassen, stimmt das?

Ja, aber ich habe mir ein Häusle nur bauen können, weil ich von meinem Vater und meiner Mutter ein bisschen geerbt habe. Und das gehört hier zu dem, was der Sonnengeist, der Menschheitsgeist, uns sagt. Dadurch, dass der Mensch nur an sich denkt, an seine kleine Erbschaft, was ja verständlich ist, menschlich ist, haben wir dann Erben, die Milliarden erben, und das ist für die zu viel.

Wir brauchen Menschen, auch den kleinen Häuslebauer, die den Mut haben, diese Gedanken zu denken – das muss nicht revolutionär von heute auf morgen geschehen, das wird auch nicht von heute auf morgen geschehen, nur die Gedanken müssen vorangehen – und zu sagen: Wenn wir wirklich den großen Erben per Gesetz das Geld wegnehmen, denn dieses Geld verdirbt die Welt, und den Mut finden, das Riesengeld, das wir dann haben, wirklich besser zu verteilen, hätte der kleine Häuslebauer noch mehr Geld. Nur hat er Angst, dass, wenn jetzt alle Erbschaften abgeschafft werden, dass er dann auch das wenige nicht mehr hat. Sie kennen ja diesen Gedanken des Grundeinkommens für alle. Das ist eine tolle Sache.

Teiln.: Aber es funktioniert nicht.

Nur sage ich Ihnen, es wird ein paar Jahre dauern, bis wir so weit kommen. Nein, ich habe mich versprochen, ein paar Jahrtausende.

Teiln.: Das kommt gar nicht.

Ja, weil sie Ihre kleine Erbschaft verteidigen wollen.

Teiln.: Ich wurde schon mehrfach enterbt. Wenn ich nicht so funktioniere, wie jemand das will, werde ich immer enterbt. [unv.]

Sie waren die beste Zugabe für unser Seminar, außerdem, dass ich mit meinem Schwäbischlernen tüchtig vorankomme, das ist ja wunderbar.

Also, es wird lange dauern, weil diejenigen, die das große Geld haben, es nicht hergeben wollen. Und die Politik muss freundlich mit denen umgehen, denn auf die ist sie angewiesen. Aber darum droht auch diese schnelle Rede vom Grundeinkommen für alle, ein bisschen agitatorisch, populistisch zu werden.

Das wird nur geschehen, wenn durch eine Bewusstseinsbildung das Denken und das innere Empfinden von – wir sind achtzig Millionen in Deutschland – sechzig Millionen dahingeht, dass eine Struktur entwickelt wird, aber es muss eine Herzens- und eine Gedankenstruktur sein, sodass wir wirklich den Mut finden, das Geld, das wir haben, gerechter zu verteilen. Nur dann wird es möglich. Denn das Grundeinkommen für alle muss ja zum Gesetz werden. Und um zum Gesetz zu werden, müssen wir eine Mehrheit haben, die das will.

Teiln.: Ja, aber da wird der Faule ja unterstützt. [unv.] Wenn jeder sein Grundeinkommen hat, [unv.] er kann das jetzt nicht. [unv.] Es kommt ja. Ist das gut?

Ja, klar, ich habe schon verstanden. Wir verstehen uns sehr gut. Nein, ich warte, ob Sie noch ein paar Gedanken weiterkommen.

Teiln.: Ja, ich meine, das Grundeinkommen ist wirklich so, die Faulheit wird unterstützt, weil wir kommen ja momentan gerade [unv.] in Deutschland gibt es Hartz IV.

Das ist ein Unsinn, was Sie sagen. Leider kann ich das nicht auf Schwäbisch sagen. Denn was Sie gesagt haben, unterstellt, dass die Grundkraft des Menschen die Faulheit ist. Überlegen Sie sich das gut! Denn wenn die Grundkraft des Menschen die Faulheit, das Trägesein wäre, dann wäre es in Ordnung.

Teiln.: Aber wenn das nicht so ist, dann brauche ich doch kein Grundgehalt. Wenn er klein ist, dann kann er sich das ja verdienen. Ich bin der Meinung, wenn einer ein bisschen mehr tut als ein anderer, dann ist das ja für mich o.k., wenn der ein bisschen mehr verdient. Es sollte natürlich nicht so sein, wie es heute läuft, dass sich die das selbst in «Arsch rein schieben», sag ich mal [unv.] so viel, das können die gar nie verbrauchen. Also das sind Summen, wo ich sage, das kann nicht sein. Aber liege jetzt ich da falsch?

Das kann ich Ihnen nur sagen, wenn Sie jetzt ein bisschen ruhig bleiben, denn sonst unterbrechen Sie mich sofort wieder. Ich kriege keine Chance.

Teiln.: Ich bin schon ruhig.

Versprochen ist versprochen! Also wenn es in der Natur des Menschen wäre zu faulenzen, dann soll er faulenzen! Er lebt nach seiner Natur. Was haben Sie dagegen? Das wäre ganz in Ordnung. Und vor allem, wenn es in seiner Natur liegen würde, träge zu sein, zu faulenzen, wäre er glücklich beim Faulenzen.

Teiln.: Ja, aber nicht auf Kosten von anderen, oder?

Nein, wenn alle faulenzen und das Geld haben zu faulenzen, ist alles in Ordnung, wenn es nach der Natur des Menschen ist. Denn wir geben alle das nötige Geld zum Faulenzen. Wo ist das Problem? Das Problem ist, dass der Mensch merkt: Es ist gegen meine Natur zu faulenzen, und er wird unglücklich. Toll! Und jetzt sagt er sich, warum bin ich unglücklich? Nicht weil ich kein Geld habe, denn mir wird das Grundeinkommen gegeben. 2 000 Euro pro Monat jedem, von der Wiege bis zur Bahre.

Teiln.: Also ich will es nicht.

Egal ob Sie die 2 000 Euro nicht haben wollen. Sie kriegen sie! Also der Gedanke ist, dass die Grundkraft des Menschen die Freude am Schaffen, die Freude an der Entfaltung der Begabungen ist. Das ist überhaupt der Begriff des Ich, die Freude! Denn was ist der Begriff der Leber? Dass die Leber keine Lust hat im Organismus zu «lebern»? Nein, der Begriff der Leber ist, dass die Leber gerne «lebert», wenn sie gesund ist.

Der Begriff des Ich ist, dass die Freude am Schaffen, die Freude an der Entfaltung der Begabungen in der Natur des Menschen ist. Wenn wir genügend Geld jedem geben, 2 000 pro Monat, werden natürlich manche versuchen zu faulenzen, selbstverständlich. Und wenn sie die Erfahrung machen, ich bin unglücklich? Toll! Dann mach was! Aber nicht des Geldes wegen.

Wer arbeitet, wer schafft, nur um sein Geld zu haben, ist ein reiner Egoist. Er arbeitet nur für sich, um sein Geld zu haben. Jetzt habe ich schon das Geld. Ich mache dasjenige, worin ich gut bin, wofür ich begabt bin, weil ich da Freude erlebe.

Unsere ganze Wirtschaft ist unpraktisch. Wir haben Millionen von Menschen, die nur für sich arbeiten und sich nicht darum kümmern, die Tätigkeit zu tun, für die sie begabt sind. Sie suchen die Tätigkeit, bei der sie am meisten Geld verdienen. Das ist wirtschaftlich unrentabel. Das ist wirtschaftlich der reinste Unsinn.

Ich argumentiere rein wirtschaftlich. Wirtschaftlich rentabel, das heißt profitabel, wäre, jedem Menschen das Nötige zum Essen, zum Trinken und zum Schlafen für sein Dasein zu geben, sodass er nicht gezwungen wird, für sein Geld zu arbeiten.

Und weil keiner etwas tun muss, tut jeder nur dasjenige, woran er Freude hat. Und an welcher Tätigkeit hat ein Mensch Freude? An der, die er gut kann, wo er begabt ist. Denn kein Mensch hat Freude an etwas, wo der andere besser ist. Das ist gar keine Freude. Ich habe Tennis gespielt: Wo ich ein bisschen besser war als der andere, da war bei mir mehr Freude. Wo der andere so gut war, dass ich die Bälle nicht einmal gesehen habe, war das überhaupt kein Spaß.

Schauen Sie, das sind die Dinge, die die Verstorbenen jetzt durchschauen. Sie kommen immer mehr in diese Weisheit: Moment mal, die Menschheit ist von diesem Sonnengeist «erlöst» worden, der heute, wirklich zum heutigen Tag, in diesem Jesus als Urbild jedes Menschen gefeiert wird. Denn jeder Mensch will zum Christus-Träger, zum Träger des Sonnengeistes, werden.

Und der Verstorbene sagt: Aber das Wichtigste wäre, sich ein Bewusstsein zu machen, dass die Menschheit ein Organismus ist und dass, wenn jeder das tut, wofür er begabt ist, das am besten allen Bedürfnissen aller Menschen entspricht. Das ist gerade die Urinspiration der Verstorbenen, dass die Menschheit wirklich wie ein Organismus gedacht ist.

Jetzt kam mir gerade der Gedanke: Warum ist Epiphanias, die Verkörperung des Christus-Geistes in dem Jesus, im Winter am 5., 6. Januar? Das möchte ich Ihnen kurz verraten. Hier ist die Erde und hier ist die Sonne, die Sonnenbahn (Tafel). Hier ist die Sonne am weitesten weg von der Erde, und hier ist die Sonne am nächsten zur Erde. Wo die Sonne am weitesten weg ist von der Erde, das nennt man Aphel. Helios ist die «Sonne» und apo ist «weg». Und wo die Sonne am nächsten zur Erde ist, das nennt man Perihel. Peri ist «nahe bei» und hel ist wieder die «Sonne».

Jetzt frage ich die Astronomen hier, die Erdbürger: Wissen Sie, wann die Sonne, also von der Distanz her, der Erde am nächsten ist? Sie haben das nicht einmal gewusst, stimmt es? Das ist kosmisches Banausentum. Man staunt wirklich, der heutige Mensch weiß nicht einmal, wann dies der Fall ist. Das ist in der Nacht zwischen dem 5. und dem 6. Januar. Jetzt.

Teiln.: Vielleicht noch eine Frage. Ist das denn überall gleich? Ist das denn auf der einen Stelle der Erde mehr und auf der anderen [unv.]?

Aber ich bitte Sie. Ich bitte Sie doch, die Erde dreht sich um sich, um die Achse der Erde.

Teiln.: Ja, aber irgendwo im Winter und Sommer [unv.]

Nein, Winter und Sommer hängen vom Winkel ab, nicht von der Distanz der Erde. Wenn wir Sommer hätten, wo die Sonne der Erde am nächsten ist, wäre es schon der Garaus für die Erde gewesen. Also wo der Winkel so senkrecht ist, dass die Sonne senkrecht wird, soll sie bitteschön so weit wie möglich weg sein. Verstehen Sie, es geht um den Winkel, ob die Sonne hoch oder niedrig ist. Also Sommer heißt, die Sonne ist sehr hoch. Und Winter heißt, die Sonne ist sehr niedrig.

Aber hier geht es nicht um hoch oder niedrig. Hier geht es um weit weg im Kosmos oder ganz nah. Das ist etwas ganz anderes. Und der Sonnengeist ist auf die Erde, das heißt in dieses Nadelöhr der Menschheit, den Jesus, gesprungen, wo der Sprung ein Katzensprung war. Das ist alles sehr schön.

Teiln.: Wie wirkt das? Das war ja heute Nacht praktisch? Das war heute Nacht vom 5. auf den 6.?

Ja, das heißt, jetzt fängt die Sonne an, wiederum ein klein bisschen weiter wegzugehen. Aber sie ist weiterhin am nächsten, natürlich.

Teiln.: Wie wirkt das auf uns? Weil, ich muss heut' sagen, ich habe heute Nacht ganz unruhig geschlafen. Ich habe meinem Nachbarn gesagt, irgendwas war heute Nacht, ich weiß aber nicht was. Und mir ist die ganze Zeit, das darf ich auch dazu sagen, das Lied durch den Kopf gegangen, das auf einer Beerdigung gesungen wurde: «Näher mein Gott zu dir».

Das ist sehr wichtig, das ist sehr schön, was Sie sagen. Also jetzt bleiben wir vernünftig. Denn wir wollen beim Logos bleiben, wir wollen logisch bleiben und nicht total unlogisch werden. Denn sonst sagen Sie zu Recht: Ah, was du sagt, ist ein Quatsch.

Teiln.: Nein, ich glaube, ein Mann tut sich mit der Logik sowieso leichter wie eine Frau. [unv.] Das ist nicht negativ für Frauen.

… Ich gebe Ihnen ganz recht, mit den Frauen wird es «ganz schwierig». Sie haben recht, Sie haben recht, bleiben Sie «männlich» dabei.

Teiln.: Ein Seminarteilnehmer beschwert sich über die Unterbrechungen des Vortrags.

Aber Sie sind ein Mensch, wir sind hier viele.

Teiln.: Es wird der Grund für die Beschwerde ausgeführt.

Das nennt man im Schwäbischen «eins auf den Deckel kriegen».

Teiln.: Gut, das muss manchmal sein. Das ist aber ok.

Also, ich bin, Sie erlauben mir das natürlich, viel zu sauber im Denken und auch in diesem Organischen, denn darum geht es ja. Wenn Sie meinen, die Berechtigung zu haben, uns zu sagen, was bei Ihnen jetzt ist, müsste jeder, wenn wir alle gleich behandeln, diese Möglichkeit haben. Und daraus ergibt sich, dass vernünftigerweise, logischerweise, Sie dem Redner überlassen, wie er das Ganze verwaltet. Denn der Nächste steht auf und sagt: Nein, mir wäre es lieber das Gegenteil von dem zu tun, was dieser Teilnehmer verlangt hat. Und was dann?

Aber Sie sind mit einer moralisierenden Gebärde aufgetreten: Nein, so nicht! Und das muss ich aus den Gesetzmäßigkeiten der Gleichheit der Liebe zurückweisen. Und ich denke, dass Sie das verstehen. Das ist ganz wichtig.

Teiln.: Es kommt nochmals ein Einwand.

Nein, Sie haben meinen Beitrag zurückgewiesen, nicht verstanden.

Teiln.: Ein weiterer Einwand.

Nein, Sie haben es nicht verstanden. Denn sonst, wenn Sie es verstanden hätten, würden Sie sagen: Ich entschuldige mich, dass ich mir herausgenommen habe, als Einziger zu sprechen. Dann hätten Sie es verstanden. Denn wenn Sie sich herausnehmen als Einziger zu sprechen, müssten alle als Einzelne sprechen. Nur dann wäre es richtig. Und nehmen Sie das als kleines Beispiel, was es heißt, wenn wir nicht den Mut haben, wirklich alle Menschen gleich zu behandeln. Es ist für mich sehr ernst.

Denn wenn ich diesen Freund ein bisschen zu Wort kommen lasse, dann ist das deshalb, weil ich da ganz besonders die Ursprünglichkeit, die unbürgerliche, ursprüngliche Menschennatur herauslocke, als

Inspirationsquelle, um manches zu sagen, was wir bitter nötig haben. Aber das steht mir zu, ich bin hier der Redner, ich bin der Chef.

Und das ist wirklich sehr ernst, moralisch ernst. Und diese Einschüchterung darf nicht sein. Das war in der Natur der Sache eine totale Einschüchterung, was Sie betrieben haben. Nicht dass Sie das beabsichtigt haben. Das ist etwas anderes. Wir leben in einer Welt, wo das Individuum ständig eingeschüchtert wird. Eins drauf, eins drauf! Es kann sich nicht mehr bewegen.

Ich fasse den Gedanken zusammen. Der Verstorbene ist mit der Frage beschäftigt: Welches ist das einheitliche Band der Menschheit? Denn um zu wissen, wer ich in der Menschheit bin, müsste ich mehr und mehr wissen, was ich im Organismus der Menschheit alles bewirkt habe. Und um zu wissen, was ich im Organismus der Menschheit alles bewirkt habe, muss ich mich mit dem gemeinsamen Geist, mit dem einheitlichen Geist aller Menschen befassen.

Und die Frage des Verstorbenen ist: Wer bin ich in der Menschheit unter der Inspiration des Menschheitsgeistes? Dieser Menschheitsgeist ist ein realer Geist. Der Verstorbene geht sein Leben zurück, hier (Tafel) vom Tod – wenn er neunzig Jahre geworden ist, dreißig Jahre lang – zurück bis zur Geburt und erlebt: Was haben alle anderen Menschen an mir erlebt? Ich bin das, was ich in der Menschheit hervorgebracht habe.

Denn die Leber ist nicht nur an dem Punkt, wo wir die Materie sehen, die Leber hat eine Wirksamkeit auf den ganzen Körper. Können wir das Weben und Wesen der Leber nur erfassen, wenn wir dieses Stück Materie verstehen? Nein, wir müssen die Wirksamkeit der Leber im ganzen Organismus erfassen.

Oder anders gefragt: Wo ist die Sonne? Um zu wissen, was die Sonne ist, muss ich fragen: Wo ist die Sonne? Die Sonne ist überall dort, wo sie wirkt. Das heißt, die Sonne ist genauso auf der Erde wie da oben. Denn die Sonne wirkt auf der Erde. Wenn die Sonne dafür zuständig ist, dass eine Pflanze wächst und Farben bekommt und so weiter, denn ohne Sonne würde nichts passieren, wo ist dann die Sonne? Sie ist in der Pflanze drinnen wirksam.

Und der Verstorbene fragt sich: Wer bin ich? Und um darauf antworten zu können, muss er sagen: Wo bin ich, wo, wo, wo? Guck, überall dort! Was die anderen an dir erlebt haben, das bist du!

Ein konkretes Beispiel: Eine Mutter geht nach dem Tod ihr Leben zurück, und sie merkt, im 50. Lebensjahr war da die Tochter mit kleinen Kindern und eine Scheidung geschah. Und die Tochter hat die Mutter gefragt: Kann ich nicht bei dir unterkommen? Und nehmen wir an, die Mutter hatte damals überlegt, ob das der Tochter guttun wird. Nehmen wir an, sie hat aus der Überlegung der Liebe gehandelt, nicht aus dem Egoismus. Beides ist möglich.

Aber ich nehme den Fall, dass sie aus dem Ringen der Liebe gehandelt hat. Sie hat gesagt, ich möchte das tun, wo ich meine abschätzen zu können, dass das für die Tochter besser sein wird. Und sie hat gedacht, wenn ich sie in mein Haus aufnehme, wird sie vielleicht zu sehr faulenzen. Vielleicht hilft es ihr mehr, zu strampeln und um die Existenz zu ringen.

Und jetzt geht sie nach dem Tod ihr Leben zurück und merkt, was das bei ihrer Tochter bewirkt hat: Mama, wie schön, dass du mich damals nicht aufgenommen hast. Wie dankbar bin ich, denn ich wäre zu faul geworden. Und dadurch, dass du die Kraft gehabt hast – denn manchmal gehört mehr Kraft dazu, um Nein als um Ja zu sagen – und deinen Mann gestanden hast als Frau, bin ich weitergekommen.

Ich bin so dankbar, weil nur dadurch bin ich weitergekommen. Ich wäre zu träge, zu bequem geworden, wenn du mich aufgenommen hättest. Das war bei dir wirklich eine Intuition der Liebe, denn du hast das getan mit dem Motiv, mit der Absicht, das zu tun, was für mich das Beste ist. Natürlich hast du geguckt, was daraus wird. Und du hast gesehen, ich habe überlebt. Denn wenn du gesehen hättest, ich schaffe es nicht, dann hättest du es dir nochmals überlegt.

Also, im Rückgang erlebt der Tote alles, was er bewirkt hat. Er erlebt zum Beispiel, dass er durch sein Ringen diesem Menschen geholfen hat, wirklich tätig, schöpferisch zu werden und nicht geholfen hat, träge zu werden.

Das heißt, was sagen uns die Toten? Die Hauptbotschaft ist: Geh nicht hochnäsig in der Welt herum. Guck ganz genau um dich, was deine Taten bewirken. Bleibe aufmerksam, bleibe am Ball, guck, guck. Denn du bist das, was du bewirkst. Und wenn du meinst, etwas im Hinblick darauf zu tun, dass das für diesen Menschen gut sein wird, und dann stellt sich heraus: Nein, das ist nicht gut, schau ob du die Kraft hast, dich umzustellen. Denn wir haben gestern vom Nachtragen gesprochen.

Jetzt habe ich etwas mehr diese erste von den vier Grundstimmungen ausgeführt und die anderen drei werden mehr Ihnen überlassen. Also das Erste war dieses Gemeinschaftsgefühl, dieses organische Gefühl, dass wir wirklich organisch eingegliedert sind ineinander und uns immer mehr eingliedern sollen. Dass wir nur im Körper gesondert voneinander sind, aber die Wirksamkeit jedes Menschen eine totale «Vernetzung» ist.

Also die gegenseitige Beeinflussung ist ganz gewaltig, selbstverständlich. Und wenn ein Mensch denkt oder wenn ein Mensch sich fragt: Wer bin ich?, wäre eine andere Art, diese Frage zu beantworten, zu sagen: Ich bin – jetzt versuche ich etwas ganz Komplexes, Kompliziertes zusammenzufassen –, ich bin, jeder kann sich das sagen, ich bin die organisierte Summe aller Beeinflussungen, die ich von allen Menschen über die Jahrtausende bekommen habe. Das bin ich.

Was ist die Leber? Die organisierte Zusammenfassung, die organisierte Summe aller Beeinflussungen des ganzen Organismus auf die Leber. Denn ohne den ganzen Organismus könnte die Leber nicht entstehen. Also ich sage nochmals diese etwas komische, aber doch geisteswissenschaftliche Definition des Ich: Ich bin, jedes Ich, jeder Mensch ist die organisierte, also nicht ein Sammelsurium, sondern vernünftig organisierte Summe aller Beeinflussungen, aller Einwirkungen vom ganzen Kosmos, also nicht nur von den Menschen, natürlich auch von den

Engeln und so weiter. Ich bin die organisierte Summe, die organisierte Zusammenfassung aller Einwirkungen, die auf mich erfolgt sind, von allen Wesen die ganze Zeit über, wo ich existiere. Das bin ich.

Ist das schlicht und einfach? Nein, es ist äußerst kompliziert. Das heißt, jeder Mensch ist das Integral einer Unendlichkeit von Infinitesimal-Systemen. Ist das sauber gesagt? Es leuchtet ein. Das heißt, diese kindsköpfigen Versuche, auch in der Psychologie, in der Soziologie, den Menschen auf (ein Stück Materie) zu reduzieren, nein, das ist viel zu einfach, das ist viel zu naiv. Jeder Mensch ist eine unendliche Komplexität.

Und das sind die Grunderfahrungen der Toten nach dem Tod. Denn da ist Schluss mit der Kindsköpfigkeit. Da wird es kompliziert. Da geht man das Leben durch und man erlebt sich als eine weisheitsvoll, liebevoll organisierte Summe all dessen, was man bewirkt hat. Und wenn wir das so gut wie möglich, so viel wie möglich vor dem Tod üben, dann sind wir am besten vorbereitet.

Denn es passieren da ein paar Überraschungen. Was? Das habe ich bewirkt? Was? Ich hätte die Tochter aufnehmen sollen? Lieber Fritz, es ist nicht aus Liebe, dass du wolltest, dass die Tochter (das und das nicht macht) – nehmen wir an, jetzt ist das der Vater, und bei denen ist manchmal ein klein bisschen mehr Egoismus, habe ich mir sagen lassen. Stimmt, oder?

Teiln.: Ich traue mich jetzt gar nichts mehr zu sagen.

Schau!

Teiln.: Herr Archiati, mach ich das Maul auf, obwohl es mir ernst ist, klappt alles. Also ich finde das ja gut für mich. Also für mich ist ein Mensch, wo lacht, da geht mir das Herz auf. Für mich ist das schön. Aber ich habe jetzt den Eindruck, ich sage gar nichts Lustiges und alle lachen. Für mich gut, aber andere Leute stört das, wenn ich sage, mir ist es einfach ein Bedürfnis, da mich einzuhängen. Ich hoffe, ihr entschuldigt mir das. Ich gehe auch nachher.

Es ist einfach so, ich habe gerade gesagt, der Mann ist logisch. Und ich bin so froh, dass Frauen nicht so logisch sind, weil da ergänzen wir doch uns. Das brauchen wir doch. Wenn Frauen so logisch sind wie wir, wo ist der Unterschied zwischen Mann und Frau? Wir brauchen das, der Mann – das behaupte ich, einfach weil ich das so fühle –, der Mann ist logisch veranlagt, materieller ein bisschen mehr wie die Frauen, so sehe ich das einfach.

Und Frauen, die haben mehr Herz, die haben mehr Seele, sage ich mal, und genau das ergänzt sich. So soll das sein. Das ist nichts Negatives, wenn eine Frau nicht logisch ist, das ist positiv für eine Frau. Weil wenn sie logisch ist, dann ist sie keine Frau mehr, dann ist sie ein Stück Mann. Das brauche ich nicht. Ich brauche eine Frau und keinen Mann. Und das wollte ich auch noch dazu sagen. Alles, was ich gefragt habe, ich wollte nicht lustig sein, sondern das sind Sachen, die mich wirklich interessieren.

Der Grund, warum ich immer wieder Ihre Hilfe brauche, ist, dass Sie lauter Dinge sagen, die ernst sind.

Teiln.: Die sind ernst.

Und die ganz gut sind.

Teiln.: Und die sind mir auch ernst.

Und jetzt fragen Sie sich verdutzt, warum lachen die Leute? Weil die Welt verrückt geworden ist.

Teiln.: Na, für mich ist es ja schön. [unv.] Ich bin nicht gegen Frauen, dann sage ich, gerade das Gegenteil ist der Fall.

Sie sind ganz für die Frauen, gell, ich auch.

Teiln.: Ich mag die Frauen. Für mich gibt es nichts Schöneres. Weil wir gestern von Kunst gesprochen haben, Bilder von Frauen, die lachen, das ist für mich was Schönes, das ist für mich Kunst. Also ich bin nicht gegen Frauen, sondern ich bin für Frauen, ich mag Frauen, die sind faszinierend für mich. Manchmal wieder undurchschaubar, aber endlos. Also, das wollte ich jetzt gerade noch rüberbringen. Und wenn ich sage, die sind nicht logisch, das ist nichts Negatives. Das ist gut. Und wenn es so ist, es tut mir leid, ich wollte das wirklich nicht.

Darf ich auch etwas sagen? Der Grund, warum ich jetzt ganz bewusst und willentlich so unserem Freund etwas mehr Raum gegeben habe, ist, dass so etwas Gesundes leider nur ausnahmsweise bei uns auftritt. Und der andere Grund ist, Sie werden mir sofort recht geben, dass wir zum Leiden der Menschheit diese Geisteswissenschaft, ich rede zu Anthroposophen, viel zu elitär betrieben haben. Und das hat diese Geisteswissenschaft in der Menschheit kaputt gemacht.

Wir stehen jetzt an einem Nullpunkt dieser Geisteswissenschaft, wo die Menschen sagen: Steiner, nein danke, das ist der Oberspinner – und Anthroposophen, noch schlimmer! Und das ist traurig. Also ich muss Ihnen sagen, es gibt Tage für mich, wo mir Tränen kommen wegen dieser Tatsache. Darum war ich so dankbar, dass ausnahmsweise so etwas Gesundes bei uns auftritt. Denn ich bin nicht sicher, ob das nochmals kommt, so eine Gelegenheit.

Denn entweder ist diese Geisteswissenschaft überzeugend für diese ursprüngliche Menschlichkeit, oder sie hat in der Menschheit nichts zu suchen. Und das nenne ich ursprüngliche Menschlichkeit. Wir dürfen das nicht verschmähen. Wir würden unser Bestes verschmähen. Dass dieses Ursprüngliche einfach durch die Notwendigkeiten der Entwicklung den Menschen weggenommen wird, weil jeder Mensch sich dieses Ganze, was die Natur ihm gegeben hatte, neu erringen muss, das wissen wir ja. Aber das darf nicht dadurch geschehen, dass wir abheben und hochnäsig werden. Und das ist wirklich sehr viel gemacht worden.

Dadurch zum Beispiel, dass man die Dinge so erläutert, dass man jede Menge voraussetzt. Man redet nur zu Eingeweihten. Und so ein Mensch kommt dann nicht ein zweites Mal. Das ist schade! Man muss sich dem Normalen, dem Stinknormalen stellen und die Dinge so bringen, dass sie verständlich sind. Wissen Sie, zu wem Rudolf Steiner mit am meisten Wonne gesprochen hat?

Teiln.: Zu den Arbeitern.

Zu den Arbeitern am Goetheanum, am Ende seines Lebens. Und er hat eine Wut gekriegt, weil die Anthroposophen gesagt haben – weil einmal war nicht Zeit genug, um nochmals Besprechungen zu machen und so weiter –: Aber Sie können doch auf den Vortrag für die Arbeiter verzichten, das ist doch nicht so wichtig. Und der Steiner hat eine Wut gekriegt. Er hat gemeint, die Vorträge sind mir ganz, ganz wichtig! So ist es gemeint.

Also wie gesagt, die anderen drei (Grundhaltungen) überlasse ich mehr Ihnen. Das war hier das Gemeinschaftsgefühl. Also dieses Epiphanias – dieser Sonnengeist ist unser gemeinsamer Geist. Es ist diese Vernetzung, wo wir wirklich ineinander weben und wesen, alle Menschen ineinander weben und wesen, ein Organismus der ganzen Menschheit, wo der Körper verschwindet, weil das vergänglich ist.

Die Seele und der Geist eines Menschen sind überall dort, wo diese Seele über die Jahrtausende gewirkt hat. Der Geist eines Menschen ist überall dort, wo dieser Geist über die Jahrtausende gewirkt hat. Und das ist schön. Das jetzt im Bewusstsein mehr und mehr durch eine Geisteswissenschaft nachzuholen, das ist die schönste Beschäftigung, die es gibt. Also das waren meine, ich sage das ernst, meine stammelnden Versuche, dieses Mysterium der Gemeinschaft zu erklären.

Das Zweite war die Dankbarkeit, das Dankbarkeitsgefühl für alles Geschehene. Also beide, 1 und 2 (Tafel) sind mehr auf die Vergangenheit gerichtet, und 3 und 4 beziehen sich mehr auf die Zukunft – wenn Sie eine Struktur haben wollen. Vertrauen (3), das geht auf die Zukunft hin, in das Leben. Und das Vierte ist die Kunst, immer jünger zu werden.

Schauen Sie dieses Vierte, ich will nur ein paar Dinge zu diesem Vierten sagen. Denn der heutige Mensch meint, man wird doch immer älter. Vor lauter Materialismus, wo die Materie, der Körper, dieses Zeug so vordergründig geworden ist, dass der Mensch fast nur noch die Prozesse seines Körpers erlebt, kommt sich der Mensch als Seele, wenn überhaupt, total dünn vor! Und das ist ein Irrtum. Nicht der Mensch wird älter, sondern nur das Zeug!

Was hat das Zeug mit mir zu tun? Gar nichts. Beziehungsweise es hat mit mir zu tun, nur insoweit es Werkzeug für meine Entwicklung in der

Seele und im Geist ist. Ich habe einen Körper als Werkzeug. Und dieses Werkzeug soll dazu dienen, dass meine Seele immer tiefer, immer inniger in den Kräften der Liebe wird. Denn die Grundkraft der Seele ist die Liebe.

Und die Grundkraft des Geistes ist das Licht des Denkens. Also im Denken, im Bewusstsein, im Verstehen des Weltgeschehens und in der Liebe, im Einsatz aller Kräfte, immer weiterzukommen, um die eigene Entwicklung und die Entwicklung aller Menschen um einen herum zu fördern. Und zu gucken, wie das ankommt, ob wirklich der andere sich weiterentwickelt und so weiter.

Zum Beispiel ein Redner muss so ringen, dass der Zuhörer, jeder Zuhörer mit dem, was er sagt, irgendwie etwas anfangen kann. Wenn er nur so redet, dass er sich selbst ergötzt, dann redet er nur für sich. Und ob die Menschen damit etwas anfangen können oder nicht, müssen die Menschen sagen. Und jeder ist anders. Das heißt, wir müssen die Kunst des Sozialen üben. Die Kunst des Sozialen ist, sich auf jeden einzustellen, so wie er ist.

Und jetzt frage ich Sie: Der Körper wird immer älter, das ist gar keine Frage. Aber der Sinn, dass der Körper immer mehr zerbröckelt, immer mehr verzehrt wird, ist, dass gerade dadurch die Seele und der Geist die Möglichkeit haben – das ist überhaupt der Sinn –, immer jünger zu werden, immer jünger, immer jünger, immer mehr voller Leben. Was ist der Begriff der Jugend? – Sie brauchen mich nicht so scheel anzugucken.

Teiln.: Ich brauche gar nichts mehr zu sagen.

Darum fordere ich Sie auf. Jetzt gebe ich eine Definition: Jung ist der Mensch, bei dem die Zukunft mehr Gewicht hat als die Vergangenheit! Ist das logisch? Das ist logisch. Und alt ist der Mensch, bei dem die Vergangenheit mehr Gewicht hat als die Zukunft. Ganz einfach.

Ja, der guckt mich total verdutzt an, weil er sagt: Mensch, der sagt nur Binsenwahrheiten. Das habe ich alles schon gewusst. Und vor lauter Binsenwahrheiten ist die heutige Menschheit so schlimm dran, dass wir die Grundwahrheiten, die wir schon wussten, immer vergessen. Wir sind mit allem beschäftigt, außer mit den fundamentalen Dingen. Das ist der Schlamassel der heutigen Menschheit.

Jetzt nehmen wir an, ein Mensch mit siebzig, mit achtzig Jahren, mit sechzig ist auch erlaubt, lernt immer mehr, immer besser, über den Wurf der Entwicklung, also über die Dynamik der Entwicklung. –Was ich hier jetzt an die Tafel mache, das verrate ich nur Ihnen, weil manches ist ein bisschen gefährlich, und ich verrate das nur Ihnen, weil Ihnen das Freude machen wird, das nennt man die «anthroposophische Badewanne». Das ist die Entwicklung von Anfang bis Ende. Keine schwäbische Badewanne, eine anthroposophische.

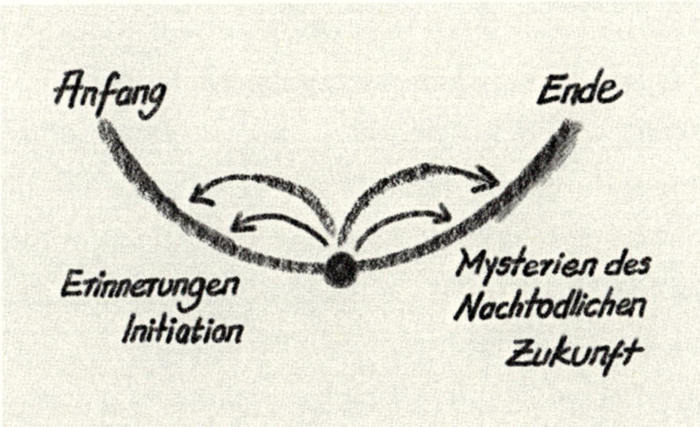

Und hier ist die Wende der Entwicklung. Bis dahin geht es nach unten, in die Welt der Materie, und dann nach oben. Ich habe ja gesagt, bis zur Wende war der Blick des Menschen mehr zurückgewandt, er hatte Erinnerungen. Übrigens Initiation, lateinisch initium «Anfang», heißt zurück zu den Uranfängen. Und noch der Buddha, 500 Jahre vor Christus, sagte: Schluss mit den Verkörperungen, zurück zum Nirwana.

Und der Sinn der Wende ist, dass die Menschen lernen müssen, nach vorne zu gucken. Und jetzt nach dem Tod geht es darum, dass wir uns mit den Mysterien des Nachtodlichen beschäftigen. Was passiert nach dem Tod? Das ist Zukunft. Und wie sind die Gesetze der Entwicklung? Alle 2 160 Jahre kommt die Sonne in ein neues Tierkreiszeichen. In diesen 2 160 Jahren, wo wir hier sind, müssen wir die Bewusstseinsseele entwickeln. Vorher war die Verstandesseele und so weiter. Dann kommt das Geistselbst und so weiter. (s. Fachausdrücke S. 190). Das kennen Sie alles auswendig.

Die Geisteswissenschaft ist eine Wissenschaft der Entwicklung, vor allem auf die Zukunft hin. Lesen Sie *Zukunft verstehen,* diese Vorträge über die Apokalypse.[18] Das ist fantastisch. Und dadurch, dass durch Geisteswissenschaft die Richtung der Entwicklung, die ganzen Entwicklungsperspektiven aufgezeigt werden – was an Errungenschaften, an Wunderbarem noch bevorsteht, was wir, was jeder Mensch alles noch werden darf –, dadurch wird die Zukunft immer wichtiger als die Vergangenheit. Man wird wirklich immer jünger!

Es ist eine Freude, und es ist völlig egal, ob die meisten Menschen in den Abgrund gehen, Hauptsache, ich gehe nach oben und ich tue mein Bestes. Man kann wirklich – nehmen Sie das nicht nur als cine Rede – mit siebzig Jahren in der Seele und im Geist wesentlich jünger sein als mit zwanzig. Mit zwanzig kann man das nicht, denn mit zwanzig muss das Zeug jung sein. Da kann die Seele noch nicht so jungfräulich werden, so reich, oder der Geist.

Ein Haufen Menschen, die mit sechzig, siebzig, achtzig noch herumkeuchen und meckern, weil sie nicht mehr zwanzig sind, das ist ein Unsinn. Und dann fragen wir uns, woher kommen die Depressionen? Wir sollten uns alle eine Brille kaufen, um zu gucken, woher die Depressionen kommen! Sie kommen daher, weil wir in der Seele und im Geist alle viel zu alt sind.

Der Schirrmacher (deutscher Journalist), *FAZ,* hat 2004 ein Buch geschrieben: *Das Methusalem-Komplott.* Methusalem war ein ganz, ganz alter Mensch. Und da schreibt er: Deutschland muss aufpassen, wir werden einen Haufen alte Menschen haben. Wie machen wir das mit all diesen Senioren? Von wegen Grundeinkommen für alle, wie sollen die ihr Geld verdienen? Ein Glück, dass Sie gar nichts mehr sagen. Denn jetzt

18 Rudolf Steiner, *Zukunft verstehen,* Ein Grundkurs in Apokalyptik (Bad Liebenzell 2009).

können Sie schaffen, um ihr Geld zu verdienen. Und wenn Sie nicht mehr schaffen können?

Teiln.: Die sind ja trotzdem da, wenn das unsere Älteren sind, dann sind die ja nicht aus der Welt.

Gut, aber jetzt können sie nicht mehr ihr Geld verdienen. Wo kommt das Geld her?

Teiln.: Wir sind ja mehrere Kinder gewesen, mir werden die Eltern dann praktisch schon, dann kann ich das nicht mehr zurückgeben, die haben uns aufgezogen, und wenn sie nicht mehr können [unv.]

Und der, der keine Kinder gehabt hat, wie ich? Der soll aufgeschmissen sein?

Teiln.: Nein, Sie bringen wir auch noch mit durch.

Bis jetzt hatte ich gedacht, dass ich der Einzige bin, der immer recht hat. Jetzt sind wir zwei davon. Also, das habe ich doch nur andeutungsweise sagen wollen zu diesem Vierten, weil das so verwirrend ist. Aber es ist sehr ernst gemeint.

Wir machen eine Pause, und dann kommen Sie endlich mal zu Wort.

Teiln.: Ich würde gerne etwas zu der vorhin geäußerten Beschwerde sagen. Dieser Mensch hat im Grunde auch ein bisschen in meinem Sinne gesprochen und ich habe trotzdem nicht den Mut gehabt, mich vorhin mit ihm solidarisch zu erklären und habe ihn da alleine strampeln lassen. Das tut mir sehr leid, weil ich nämlich finde, dass durch seine, ich nenne es jetzt mal Kritik oder Einwand –

P. Archiati: Beitrag.

Teiln.: oder seinen Beitrag ist etwas ganz Schönes, ist irgendwie eine gute Wirkung zustande gekommen, und zwar ich habe mich dann daran erinnert gefühlt, an meinen elitären Geist, der auch in mir drinnen wohnt und hab mich dann ein bisschen –

P. Archiati: Kann jeder gut verstehen? Das ist etwas ganz Wichtiges. Kann jeder gut verstehen? Also manche können nicht gut verstehen. Kommen Sie hier nach vorne?

Teiln.: Also ich wollte eigentlich noch mal meine Solidarität mit diesem Menschen kundtun, weil der Beitrag von ihm war eigentlich auch sehr in meinem Sinne gewesen und ich fand die Wirkung dieses Beitrages ganz enorm auch gut, weil ich mich dann erinnert gefühlt habe an meine eigene elitäre Haltung, über die ich nicht stolz bin, die ich aber trotzdem habe.

Und da bin ich dankbar um dieses Gespräch, obwohl mir das auch ein bisschen auf den Nerv gegangen ist. Mir war das auch viel zu lange.

P. Archiati: Sie meinen also nicht nur meine Antwort.

Teiln.: Ich meine aber die Interaktion, die Interaktion dieser Suche nach der Ursprünglichkeit und Arglosigkeit, [unv.] die mir im Grunde genommen einfach zu lang ging. Es war mir einfach zu lang. Also es war ganz in meinem Sinne und mir hat's ein bisschen leid getan, dass er den Kopf hinhalten musste, eine auf den Deckel gekriegt hat und eigentlich hätte ich auch eine auf den Deckel kriegen müssen.

P. Archiati: Das kriegen Sie auch gleich. Und zwar, Sie haben meinen Gedanken daraufhin überhaupt nicht verstanden. Sie waren so stark in der Solidarität drinnen – das kann ich Ihnen verzeihen, denn das passiert fast immer –, dass das, was ich gesagt habe, nicht einmal ein bisschen bei Ihnen angekommen ist. Denn was habe ich daraufhin gesagt?

Teiln.: Also ich habe es so verstanden, dass die Ursprünglichkeit –

P. Archiati: Nein, das hat mit dem, was ich gesagt habe, nichts zu tun.

Teiln.: Ich würde Sie bitten, dass Sie vielleicht nochmals ausnahmsweise es wiederholen.

P. Archiati: Es ist nicht ausnahmsweise, ich wiederhole sehr oft meine Dinge. Ich habe gesagt, wenn jemand sich das Recht herausnimmt, seinen Gemütszustand zu äußern, müsste jeder das Recht haben, das zu tun. Nur dann ist die Würde des Menschen und die Gleichheit der Würde respektiert. Und es wäre nicht möglich, von allen zu hören: Ist es dir zu viel oder zu wenig? Also, vernünftig ist nur, den Mund zu halten. Das war, was ich dazu gesagt habe. Und von diesem Gedanken haben Sie nichts vernommen.

Teiln.: Das habe ich gehört, aber ganz schnell verdrängt.

P. Archiati: Langsam, Sie haben es nicht einmal gehört. Denn man kann nur verdrängen, was man hört. Ist der Gedanke jetzt klar? Denn warum darf dieser Mensch sagen, dass es ihm zu viel ist, und warum darf nicht der nächste Mensch sagen, dass es ihm zu wenig ist? Warum darf der andere das nicht sagen, dass es ihm zu wenig ist? Sehen Sie die Ungleichheit, die Ungerechtigkeit? Das war mein Gedanke.

Denn wenn das für jemanden zu viel ist, verzeihen Sie, der hat doch das Recht, dass es ihm zu viel ist, er ist so. Aber die Gleichbehandlung verlangt, dass, wenn ein Mensch das Recht auf etwas hat, müssen alle das Recht darauf haben. Und jetzt überlegen Sie sich: Wenn wir uns die Zeit nehmen würden, das war fast eine Minute, wir haben hier über 100 Menschen, über 100 Minuten und 120 Minuten wären sofort zwei Stunden. Aber nur so wären wir gerecht. Sonst ist es ungerecht. Und wenn wir dann zwei Stunden lang von jedem gehört haben, ob das ihm zu viel oder zu wenig oder gerade recht ist, was haben wir dann? Wir haben das Mittagessen verpasst. Nur das haben wir. Das war mein Gedanke.

Denn es ist für mich selbstverständlich, dass, wenn etwas für einen Menschen zu viel ist, dann ist es für ihn zu viel. Na und! Es gibt auch andere Menschen hier. [...] Aber jetzt haben Sie verstanden, hoffe ich, was ich gesagt habe.

Ladies first. Wollen Sie vielleicht etwas sagen?

Teiln.: Ich wollte nur sagen: Weitermachen Chef!

P. Archiati: Zu ihrer Information, ich habe die letzten fünf Minuten total weitergemacht, weil das dazugehört. Warum fordern Sie mich auf weiterzumachen? Weil Sie nicht gesehen haben, dass ich die ganze Zeit weitermache?

Teiln.: Ich wollte noch zwei Fragen zu den Verstorbenen stellen. Das eine ist, Sie sprachen von der segensreichen Hilfe von Verstorbenen. Und ich kann da nur mit Herzen zustimmen. Meine Frage ist, gibt es auch das andere? Und wenn ja, was kann ich tun? Und dann wollte ich noch eine Frage stellen im Zusammenhang mit der Erzählung von [unv.]

P. Archiati: Warten Sie mit der zweiten Frage, sonst wird es zu abstrakt. Also, jetzt haben wir ein bisschen vordergründig davon gesprochen, mit welcher Gesinnung die Verstorbenen uns entgegenkommen und wie wir eine gleiche Wellenlänge erzeugen können. Diese Gestimmtheiten sind wie Wellenlängen. Denn wenn das Radio nicht die richtige Wellenlänge hat, kann man gar nichts hören.

Und die Wellenlängen sind: Gemeinschaftsgefühl, Dankbarkeitsgefühl, Vertrauen in das Leben, Immer-jünger-Werden. Das sind vier Gestimmtheiten, um überhaupt eine gemeinsame Sprache zu finden. Und es war ein bisschen im Vordergrund, was sie für uns tun, die Ratschläge, die sie uns entgegenbringen. Und jetzt fragen Sie: Was können wir für die Toten, für die Verstorbenen, tun? Nehmen wir ganz konkret –

Teiln.: Es war eher die Frage, geht auch eine andere Wirkung von den Verstorbenen aus, also eine, die ungut ist?

P. Archiati: Aha, das ist eine ganz neue Frage. Können die Verstorbenen negativ einwirken? Die Antwort ist: Nein! Das kommt nicht infrage. Dafür sind Teufel zuständig.

Teiln.: Aber Sie haben gestern doch dieses Beispiel gebracht, wo das junge Mädchen von dem Verstorbenen heimgesucht wurde und er dann gesprochen hat durch die junge Frau.

P. Archiati: Und was war die Wirkung? Er hat die Wahrheit hingestellt und die Lüge korrigiert.

Teiln.: Aber für diese Frau war es ja nicht nur positiv, weil sie [unv.]

P. Archiati: Nein, das kann man nicht sagen. Die Frau war zuständig dafür, dass sie nicht genügend ihren Körper ergriffen hat und darum hat sie sich anfällig gemacht, rausgeschlagen zu werden. Das kann man dem Verstorbenen nicht ankreiden. Gut, die Dinge werden kompliziert, weil vor allem am Anfang der ganze Egoismus nicht schlagartig weg ist. Hier ist der Tod (Tafel). Und dann drei Tage das Erinnerungstableau. Aber dann erlebt der Verstorbene sein Leben rückwärts.

Es ist nicht so, dass das niedere Ich, der ganze Egoismus schlagartig weg ist. Natürlich ist der Verstorbene noch voller Egoismus und läutert den Egoismus gerade durch das Sich-bewusst-Machen: Aha, da habe ich aus Egoismus meine Tochter oder einen Verwandten so behandelt. Und weil ich aus Egoismus gehandelt habe, ist das daraus geworden.

Dadurch, dass er den Entschluss fasst, den Impuls, im nächsten Leben das karmisch auszugleichen, ist das eine Läuterung. Er läutert sich. Darum ist das Fegefeuer der Ort der Läuterung. Alles Egoistische wird dadurch geläutert, dass man die negativen Wirkungen des Egoismus sieht.

Aber selbst wenn dieser Verstorbene noch egoistische Begierden hat, haben diese Begierden keine Möglichkeit, auf die Erde zu wirken. Sie bleiben reine innere Angelegenheit dieser Seele.

Teiln.: Also sie können nicht einen Menschen ergreifen?

P. Archiati: Nein. Und es leuchtet ein. Das seelische Erleben kann niemals, auch im inkarnierten Zustand, auf den anderen überspringen. Es ist der Begriff der Seele, dass alles Seelische, alles Erlebte hermetisch in sich abgeschlossen ist. Hier ist eine Seele und hier ist eine Seele (Tafel). Ist es möglich, dass von einer Seele etwas zur anderen überspringt? Ganz unmöglich. Diese Seele erlebt anhand der Taten und so weiter etwas, aber die Gefühle der anderen sind ihr völlig fremd.

Also Mensch A hat eine Prüfung bestanden. Mensch A und B sind engste Freunde. Mensch A hat Freude, weil er die Prüfung bestanden hat. Kann Mensch B etwas von dieser Freude in sich haben? Null Komma nichts. Und die Freude darüber, dass mein Freund eine Prüfung bestanden hat, ist eine ganz andere Freude, und die ist die Freude von B.

Das heißt, es liegt im Begriff der Seele, dass alles Seelische hermetisch in sich abgeschlossen ist. Das heißt, was der Verstorbene in seiner Seele durchlebt, ist seine Sache. Kommunikation ist nur auf der Ebene des Geistes möglich. Der redet über seine Freude, dass er die Prüfung bestanden hat, und jetzt verstehe ich mehr und mehr, dass er Freude hat. Aber wie kann ich erleben, was er erlebt? Ich müsste er sein.

Teiln.: Und doch hat man das Gefühl, man hat was Gemeinsames in der gemeinsamen Freude, denn das Sprichwort sagt: Geteilte Freude ist doppelte Freude. Geteiltes Leid ist halbes Leid.

P. Archiati: Das heißt, überlegen Sie sich, es verdoppelt sich, das heißt, es wird nicht übertragen, es verdoppelt sich. Denn wenn es übertragen wird, bleibt es eins, es verdoppelt sich nicht.

Teiln.: Und beim Leid?

P. Archiati: Es wird in zwei Hälften geteilt. Also hier (Tafel): Seele A erlebt Leid, teilt es Seele B mit und durch das Mitteilen wird dieses Leid weniger. Und hier ist Mitleid. Aber dieses Leid, was weniger geworden ist, ist nur hier. Und dieses Mitleid ist nur dort. Aber von dem, was A leidet, erlebt B gar nichts. Das liegt im Begriff der Seele. Sonst wäre ich der andere. Und der Geist ist übergreifend. Das ist der Begriff des Geistes.

Teiln.: Ich habe die Frage, wie kriegt denn der Teufel seinen Nachwuchs, wenn der Verstorbene nicht da hinkommt. Da müsste doch irgendwann das aufgelöst werden, was der Teufel ausübt am Menschen, wenn er durch die Verstorbenen keinen Nachwuchs bekommt [unv.]

P. Archiati: Sie meinen, sechs Milliarden Menschen, die verkörpert sind, sind nicht Nachwuchs genug für den Teufel?

Teiln.: Der Verstorbene wird aber doch nicht mehr – nach dem, was ich jetzt so verstanden habe – dem Teufel anheimfallen, sondern er geht durch dieses Fegefeuer. Und dann sind diese Verstorbenen gut und Sonnenwesen und so weiter. Und dann hat doch der Teufel wieder einen nicht bekommen.

P. Archiati: Gehen Sie weiter, was passiert dann?

Teiln.: Ja, wir müssen uns neu inkarnieren für den weiteren Weg.

P. Archiati: Um dem Teufel wieder eine Chance zu geben.

Teiln.: [unv.]

P. Archiati: Wieso?

Teiln.: [unv.]

P. Archiati: Nein, nein, nein. Es fehlt ein Gedanke, der ganz wichtig ist. Nur, jetzt wiederum etwas Kompliziertes zusammengefasst: Also hier (Tafel) ist alles Vorgeburtliche und hier ist die Geburt – wiederum neu skizzenhaft. Vor der Geburt gibt es im Menschen nur das höhere Ich. Und das höhere Ich hat nur gute Absichten, ist reine Liebe, reine Weisheit.

Und der Begriff der Verbindung mit dem Körper ist, dass dieses Reine sich durch die Begierdenhaftigkeit, durch das Egoistische verdunkelt und trübt, da unvermeidbar der Körper als Gegenkraft entgegenwirkt. Und da hat der Teufel wiederum ein ganzes Leben lang eine ganz gute Chance. Denn ein Mensch auf der Erde, bei dem der Teufel keine Chance hat, ist nichts wert. Nicht der Teufel, der Mensch.

Teiln.: [unv.]

P. Archiati: Ganz genau. Also, was gefehlt hat, ist, dass bis zur neuen Geburt gerade durch die Läuterung das höhere Ich so rein, so Christus-durchdrungen dasteht, sagen wir das ganz real, dass dieses höhere Ich für das nächste Leben nur gute Absichten hat: so viel zu lieben, so viel auszugleichen, und so weiter.

Aber der Sinn der Inkarnation ist, dass durch die Verbindung mit dem Körper die Gegenkräfte kommen und kommen müssen. Und die Gegenkräfte sind die Begierdenhaftigkeit, der Egoismus, die Selbstbezogenheit, und so weiter. Denn nur durch die Auseinandersetzung mit der Gegenkraft werden diese schönen Absichten real. Denn sonst sind sie nur Absichten. Gute Absichten zu haben, das ist so billig wie die Brombeeren. Meinen Sie, dass die Terroristen, die die zwei Zwillingstürme zum Einsturz gebracht haben, keine guten Absichten hatten?

Schon Platon hat ausgeführt: Der Mensch kann nur etwas unter dem Gesichtspunkt tun, dass es ihm als ein Gutes erscheint. Wenn er überzeugt ist, das ist nicht gut, fehlt ihm die Kraft, das zu tun. Ob es objektiv gut ist oder nicht, das ist eine andere Sache. Aber der Mensch muss es hinkriegen, dass das, was er tut, ihm als gut erscheint. Die Absicht ist immer gut. Das ist billig. Gut ist für die Menschheit, dass wir dem Bush (2001-2009 amerikanischer Präsident) den Garaus machen, sagen die Terroristen.

Teiln.: Ich hatte noch eine zweite Frage, darf ich die noch kurz fragen?

P. Archiati: Wollen Sie nicht zwischendurch – der Mann ist so höflich, dass er sagt: Gut, lassen wir der Frau die zweite Frage.

Teiln.: Gerade im Zusammenhang jetzt mit dem Erlebnis, das Sie erzählt haben von Catanzaro. Es gibt in der Psychotherapie eine inzwischen weitverbreitete Methode der Aufstellungen.

P. Archiati: Nach Bert Hellinger.

Teiln.: Ja. Und ich kenne sie und ich weiß, dass da Inhalte in Menschen sind, die aufgedeckt werden für andere [unv.] aber auch für Verstorbene, für alle möglichen Wesen. Und es kommen Inhalte von Gefühlen und Gedanken, die nicht von einem selbst sind. Und es heißt, sie sind eben von diesen Menschen oder Verstorbenen oder anderen Wesen, für die man aufgestellt hat. Und dieses Phänomen, das ist mir ein Rätsel.

P. Archiati: Vielleicht wäre es besser, wenn wir den Mann vorgelassen hätten, weil die Frage sehr kompliziert ist.

Also, Sie berücksichtigen, dass ich nur kurz eine Anregung gebe. Ich muss vorausschicken, dass ich es nur vom Lesen – es gab im *Spiegel* einmal einen langen Artikel darüber –, also nicht direkt kenne. Ich möchte gerne alles wissen, so wie der Wagner im *Faust*. Nur schaffe ich es nicht, in einem Leben alles zu wissen. Schaffen Sie das? Nein, also wir sind uns einig.

Ich nehme einen Vergleich. Wir reden über Pädagogik und jetzt haben wir ein paar gute Fachleute, Fachpädagogen, auf der einen Seite und dann haben wir normale Menschen auf der anderen Seite, wir normalen Menschen.

Fachpädagogen reden über die Entwicklung des Kindes viel wissenschaftlicher. Und wissenschaftlich heißt gegliedert, kompliziert in den Einzelheiten. Der Dilettant, wir Dilettanten der Pädagogik werden Pauschalisierungen machen: Ja, mit fünf Jahren ist das Kind so, mit sechs Jahren wiederum anders, es fängt an zu gehen und überhaupt aufrecht zu stehen mit einem Jahr, einem Jahr und drei Monaten und so weiter.

Und die Frage ist: Was ist der Unterschied zwischen Wissenschaftlichkeit und Laientum? Laientum muss nicht total daneben sein, denn was wir normalen Leute über das Kind, das Heranwachsen des Kindes sagen, muss nicht daneben sein. Ein Körnchen Wahrheit, jede Menge Aussagen, die zutreffen, wird es enthalten.

Nur der Fachmensch, weil er das studiert hat, auch experimentell und so weiter, durch Beobachtung und so weiter, kann wissenschaftlicher darüber reden, das heißt viel schärfer, viel präziser. Also Wissenschaftlichkeit heißt Präzision, größere Komplexität und Genauigkeit, mit größerer Genauigkeit. Er unterscheidet nicht nur von einem Jahr zum nächsten, sondern von Woche zu Woche zum Beispiel.

Und jetzt kommt ein Bert Hellinger daher, also mit diesen Karma-Aufstellungen, und ich vergleiche das mit Laientum. Natürlich wird jede Menge stimmen, aber zufällig, nicht weil man wissenschaftlich darüber redet. Denn man muss wirklich total verrückt sein, wenn man jetzt einen Verstorbenen sprechen lässt, und es ist alles daneben. Denn in jedem Verstorbenen steckt alles.

Der Unterschied, in der Art und Weise wie ein Rudolf Steiner über Karma spricht, ist, dass bei Steiner der Anspruch besteht, absolut wissenschaftlich zu sein. Und da wird es komplizierter, da wird es viel genauer, viel präziser. Das bedeutet nicht, dass das andere total daneben sein muss.

Aber wenn man dieses Wissenschaftliche in der Komplexität kennt und mehr und mehr das studiert, sagt man sich, das ist Unfug. Man sagt nicht, das ist total daneben. Man sagt, das ist dilettantisch. Das ist, wie es mir bei dieser Bert Hellinger-Methode zumute ist. Wenn der eine Ahnung hätte, was Steiner über die Realitäten des Karmas auszupacken hat, würde er sich sagen: Ah, am besten schließe ich meinen Laden.

Teiln.: Ich habe auch eine Frage zu den Hinweisen von den Verstorbenen aus der geistigen Welt. Sie haben gestern einen ziemlich klaren Hinweis gegeben, dass, wenn wir eine Frage richten, beim Aufwachen die Antwort kommt und dann ein Ja ist. Ein Ja, überwinde deine Angst, überwinde deine Wut, überwinde deine Gefühle, also das, was ich damit als Wirklichkeit wahrnehme, insofern ist die Antwort ein Ja. Nun gibt es aber auch einen Anstoß im Leben. Einen Unfall, den interpretiere ich als Antwort: Nein, mach so nicht weiter. Hier ist ein Anstoß. Und dann mag es noch ein Drittes geben, eine Entscheidung. Wenn ich vor einer Entscheidung stehe, dann kann die Antwort Ja oder Nein sein. Und je nachdem, wie ich mich entscheide, kommen auch dann, wenn ich mich für Ja entscheide, vielleicht der Widersacher und sagt, ist das wirklich ein Ja?, oder wenn ich mich für Nein entscheide, der Versucher, der sagt: Na ja, war's nicht doch ein Nein und anders herum. Mir fällt es schwer zu unterscheiden, wann ein Ja, dieser Hinweis aus der geistigen Welt, und die Widersachermächte zu unterscheiden, zu differenzieren, wann ist ein Ja ein Ja, wann ist ein Nein ein Nein. Wann werde ich auf die Probe gestellt, ein Ja ein Ja sein zu lassen oder ein Nein ein Nein?

P. Archiati: Also wiederum eine Frage, woran wir üben können. Die Aussage war nicht, dass die Antwort der Verstorbenen immer ein Ja oder ein Nein ist. Die Aussage war, dass sie durch dieses Gemeinschaftsgefühl und diese Dankbarkeit die Gesinnung haben – und diese Gesinnung wünschen sie uns –, dass der Sinn einer Entscheidung immer ist, dass man gerungen hat. Und man ringt ja.

Und man weiß nicht, sowohl wenn es Ja ist oder Nein, was daraus wird. Und der Beitrag der Verstorbenen ist: Irgendwann musst du dich entscheiden. Aber wichtig ist nicht, wie du dich entscheidest. Wichtig ist, ob du Positives daraus zu machen versuchst oder ob du faulenzt oder träge bist oder ob es dir wurst ist, wie das beim anderen wirkt, und so weiter.

Das heißt, die Verstorbenen sagen uns, du wirst ringen müssen! Und vor der Entscheidung und nach der Entscheidung ist maßgebend die Kraft der Liebe, die du da hineintust, oder der Egoismus. Und maßgebend ist die Einsicht oder die Stumpfheit deines Geistes. Und du erhöhst deine Einsicht dadurch, dass du dich nicht daran ergötzt, weil du meinst, die richtige Entscheidung getroffen zu haben. Denn keine Entscheidung ist richtig, außer man macht Richtiges daraus! Bleibe dran und beobachte mit Herzensaufmerksamkeit und mit gesundem Verstand, was daraus wird.

Denn die Verstorbenen sind dabei, von sich wegzukommen, und im Rücklauf erleben sie: Was ist aus meiner Entscheidung bei dem Menschen geworden? Was hat der durchgemacht? Ich habe die Entscheidung getroffen, aber er hat etwas dadurch durchgemacht. Und jetzt erlebe ich, was der durchgemacht hat. Und nur dadurch, dass ich so erschöpfend wie möglich die Wirksamkeit, die Wirkungen einer Entscheidung bei den anderen erfahre, weiß ich, wie gut oder wie weniger gut eine Entscheidung war. Und das wird kompliziert.

Also der Tote sagt: Bleibe dran! Mit dem Denken, mit der Aufmerksamkeit und mit der Liebe. Mit anderen Worten, die Verstorbenen sagen uns: Es gibt kein Rezept. Rezepte sind nur für Faulenzer. Und so eine

Botschaft zu bekommen, überlegen wir uns, wie entscheidend das ist. Denn vor lauter Materialismus und Verpuffen der ganzen Kräfte in materiellen Dingen sind wir im Geist und in der Seele im Erkenntnisringen, in der Entwicklung des Bewusstseins, ein Haufen Faulenzer geworden. Und da sagen uns die Verstorbenen: Nein, das geht so nicht! Das ist ganz wichtig.

Das haben Sie jetzt ein bisschen zu sehr vereinfacht mit diesem Ja, Nein. Die Verstorbenen sagen uns: Guck, guck, guck. Zum Beispiel sagt ein Verstorbener: Die Globalisierung, dass die Menschheit ein Organismus ist – Mensch, jetzt nach dem Tod merke ich, das ist so wichtig, das wird zu meiner Herzensangelegenheit! –, dieser Geist der Menschheit, dieser Sonnengeist, ist ganz wichtig!

Jetzt gucke ich auf den Menschen, den ich zurückgelassen habe, der ignoriert diesen Geist. Und die Globalisierung, meint er, ah, das ist eine politische Sache und so weiter. Und der Verstorbene sagt uns: Du, die Globalisierung ist das, was dir hilft, in deinem Herzen, in deinem Kopf immer mehr die Menschheit als einen einzigen Organismus zu betrachten. Das sagen uns die Toten, weil sie das erleben!

Und sie erleben diesen Menschheitsgeist: Nur in der innigen Liebe zu ihm kann ich überhaupt wissen, wer ich in diesem Organismus der Menschheit bin. Und jetzt gucken sie hinunter auf die Lebenden, die in ihrem Süppchen kramen und sich um gar nichts kümmern. Und viele Anthroposophen machen eine Supersuppe ganz esoterisch im Kämmerlein.

Teiln.: Zu den Aufstellungen habe ich noch eine sehr wichtige, für mich sehr wichtige Frage.

P. Archiati: Kennen Sie das?

Teiln.: Ich habe es erzählt bekommen, eine Aufstellung habe ich geschildert bekommen von jemand anderem.

P. Archiati: Aber Sie sind nicht dabei gewesen?

Teiln.: Nein, ich selbst bin nicht dabei gewesen.

P. Archiati: Vielleicht ist hier jemand, der das näher kennt.

Teiln.: Und da war ein Fall einer Familienaufstellung, wobei ja die Familienmitglieder nicht selbst körperlich vorhanden, also anwesend sind, sondern Ersatzpersonen, die sie darstellen. Und aus dieser Arbeit ging als Resultat hervor, dass ein Familienmitglied sein Wesen, sein Verhalten geändert hat, ohne aber zu wissen, dass diese Aufstellung stattgefunden hat. Dieses Ergebnis ist für mich jetzt sehr, sehr bedenklich, weil aus meinem Empfinden, aus meinem Verstehen heraus dessen Freiheit beeinträchtigt wurde. Also wenn es wirklich möglich ist, so etwas zu tun, und es nicht Zufall war, wurde seine Freiheit beeinträchtigt, weil er verändert wurde.

P. Archiati: Dass er anfällig ist für diese Fremdsteuerung, das ist seine Sache. Er soll lernen, nicht mehr für eine Fremdsteuerung anfällig zu sein. Dann können die da machen, was sie wollen!

Teiln.: Aber so etwas funktioniert tatsächlich? Jemand anderen so zu manipulieren?

P. Archiati: Wenn er anfällig ist, natürlich.

Teiln.: Welche Geister sind das dann?

P. Archiati: Manipulierende Geister, Sie reden ja von Manipulation. Ich lade Sie herzlich ein zum *Faust*-Seminar, denn da gibt es den Superteufel, der ist so gut, so raffiniert. Er heißt Mephisto. Und der sagt von sich: Ich bin «ein Teil von jener Kraft, die stets das Böse will»! Ist das toll, dass er stets das Böse will? Natürlich, sonst wäre er kein guter Teufel. Ein guter Teufel muss das Böse wollen, sonst hätte der Mensch keine Widerstände, keine Gegenkraft. Und ein Mensch ohne Gegenkraft ist eine Flasche, sagt man auf Deutsch. Oder ist das Schwäbisch? Verstehen Sie Flasche?

> «Des Menschen Tätigkeit kann allzu leicht erschlaffen,
> Er liebt sich bald die unbedingte Ruh;
> Drum geb' ich gern ihm den Gesellen zu,
> Der reizt und wirkt und muss als Teufel schaffen.»
> (Goethe, *Faust,* 1. Teil, «Prolog im Himmel», V. 340-343)

Das heißt, ohne Teufel wäre beim Menschen gar nichts los. Und der richtige Umgang mit dem Teufel ist: Immer dagegen! Denn er ist gegen den

Menschen. Wenn ich gegen den Teufel bin, ist die Welt in Ordnung. Und der Faust sagt: Wenn das vom Mephisto empfohlen wird, dann lasse ich die Finger davon, dann muss es teuflisch sein. Wenn der Mephisto dagegen schimpft, dann muss es gut sein. Ist das nicht toll!

Manche von Ihnen kennen das schon, da wir schon angefangen haben. Die Leute gehen mit dem Text in der Hand auf die Bühne, sodass sie ihn nicht auswendig lernen müssen. Und jeder kann auf der Bühne das nach seiner Fasson probieren. Ein Beispiel ist, der Faust hat den Gedanken: Ich will zur Welt der Mütter. Die Mütter sind die geistigen Urkräfte des Daseins. Der Goethe hat das bei Plutarch gelesen: das Reich der Mütter, die Ursprungswelt, drei Mütter, der Formen, der mineralischen Welt, der Urgedanken der Pflanzenwelt.

Und jetzt möchte Faust diesen Geist ergründen, anhand der Wahrnehmung die Gedanken ergründen, die den Steinen, den Pflanzen zugrunde liegen. Und das erzählt er dem Mephisto: Mephisto, ich möchte zu den Müttern, hilf mir. Was sagt der Mephisto? Er kriegt einen Schreck. Wenn der Mensch den Geist durchschaut, dann ist es aus mit mir! Geist bin ich! Was macht er? Faust, du bist doof, du bist doof. Reich der Mütter, gut, wenn du willst, probiere das, aber du findest da gar nichts. Und was macht der Faust? Er sagt: Aha, jetzt habe ich wirklich Lust, dahin zu gehen: «In deinem Nichts hoff' ich das All zu finden.»

Dient der Mephisto zu etwas oder nicht? Für den Menschen, der sich reinlegen lässt, dient der Mephisto zur Reinlegung. Für den Menschen, der sich nicht reinlegen lässt, dient der Mephisto dazu, dass er überwunden wird. Und ob ein Mensch sich reinlegen lässt oder den Mephisto durchschaut, das ist Sache eines jeden.

Nur, der Mensch ist viel besser dran, wenn er den Mephisto durchschaut: Aha, wenn der Mephisto alles tut, dass ich nicht zu den Müttern gehe, dann muss das ganz wichtig sein, dann werde ich alles tun, um dahin zu kommen. Ich bin «ein Teil von jener Kraft, die stets das Böse will, und stets das Gute schafft» – wenn der Mensch vernünftig damit umgeht.

Es ist deutsch geschrieben, der *Faust,* muss ich Ihnen sagen, falls Sie das nicht wissen. Der Goethe war ein Mensch, ja so einen Menschen gibt es nur alle 1 000 Jahre oder alle 2 000 Jahre, der diese Phänomenologie der Gegenkraft, der notwendigen Gegenkraft des Teufels, so schön, künstlerisch so rein hingestellt hat. Es ist eine Wonne von Anfang bis Ende.

Und wenn wir jetzt jeden Vers durchnehmen, so brauchen wir mindestens vierzehn Jahre, habe ich gerechnet, um den ganzen Faust durchzunehmen. Das habe ich vor. Außer ich muss ein bisschen früher in die geistige Welt, ansonsten wird hier der ganze *Faust* wirklich von Anfang bis Ende durchgenommen. Ich habe ihn schon mehrmals studiert, auch mehrere Seminare gemacht. Also ich kenne das von Anfang bis Ende. Es ist wirklich wert, sich mit jedem Vers zu befassen. Unglaublich, die Tiefe, die Reichhaltigkeit und wie stimmig das Ganze ist. Was ist der Teufel?

Teiln.: Der Teufel ist gut.

P. Archiati: Sie sagt, der Teufel ist gut. Ist das kein Teufel? Der Teufel ist weder gut noch böse. Der Umgang damit ist für den Menschen gut oder böse. Der Teufel ist eine notwendige Gegenkraft. Ist eine Hürde auf dem Weg gut oder schlimm? Wenn ich stolpere, dann ist mein Umgang damit schlimm. Wenn ich das überwinde, mache ich etwas Gutes daraus, weil ich stärker werde.

Die Sprache der Toten – das sind Dinge, die uns die Toten sagen – ist ohne Moralisierung. Die Verstorbenen lernen, über den Teufel nicht zu moralisieren. Der Teufel kann nicht etwas Böses sein. Der Teufel ist so, wie er ist. Denn wenn der Mephisto anfangen würde, das Gute für den Menschen zu wollen, wäre das eine Katastrophe! Er würde aus der Rolle fallen, dem Menschen würde die Gegenkraft fehlen. Es gibt Engel genug. Was soll ein Mephisto, der jetzt probiert, selbst ein Engel zu sein? Der Mephisto kann nur ein ganz guter Teufel sein.

In der ganzen Geschichte der Menschheit, liebe Freunde, habe ich niemals einen Teufel kennengelernt, der in der ganzen Phänomenologie so perfekt ist wie der Mephisto in Goethes *Faust.* Sonst würde ich das andere nehmen, aber bloß nicht, dass der Mephisto anfängt, gut zu werden, das heißt, das Gute für den Menschen zu wollen. Da müsste der liebe Gott einen anderen Teufel holen.

Der Mephisto ist von Anfang bis Ende ein so guter Teufel, und der Faust verdankt seine Entwicklung so sehr diesem Teufel. Denn dadurch, dass er immer dagegen ist, wird er immer stärker! Das habe ich ja öfters erzählt – Mensch, jetzt ist die Zeit um –, der Goethe hatte sich einmal überlegt, ob er am Ende des *Faust* eine Szene ausführt.

Am Anfang holt der liebe Gott den Mephisto von der Hölle und sagt: Mephisto, ich brauche dich, ich brauche dich! Denn sonst werden die Menschen Faulenzer. Ich brauche den Teufel, «der reizt und wirkt ...» Und der Mephisto sagt: Ach, du bist der alte Herr, wenn du diesen Gefallen brauchst, dann tue ich dir diesen Gefallen. Er kommt von der Hölle und wirkt als Mephisto.

Goethe hatte sich am Ende des Lebens, Faust wird 100-jährig, eine Szene überlegt, in der der liebe Gott sagt: Dankeschön, deine Aufgabe ist jetzt erledigt, geh zurück zur Hölle. Und Goethe hat diese Szene nicht ausführen können. Sie wäre für den Zuschauer unerträglich. Dadurch, dass durch die Auseinandersetzung mit dem Mephisto der Faust immer besser, moralisch, intellektuell immer besser wird, wird der Mephisto so sympathisch, dass ein gesunder Zuschauer es unerträglich fände, dass als Belohnung für die ganze Schufterei der Mephisto zurück in die Hölle muss.

Ein gesunder Zuschauer weiß, der Mephisto wird miterlöst in die geistige Welt, weil seine Aufgabe als Teufel erfüllt ist. Er hat zur Menschwerdung des Menschen gedient. Und er verdient nicht, wiederum in die Hölle zu gehen. Das wäre undankbar.

Also vielen Dank, und die anderen Fragen, die offen waren, die werden Sie selbst beantworten. Und bis zum nächsten Mal und ein gutes Neues Jahr weiterhin und alles Gute.

Zu dieser Ausgabe

Dieses Seminar, das in fünf Vorträge gegliedert ist, hat vom 4. bis 6. Januar 2010 in Unterlengenhardt stattgefunden. Im Anschluss an jeden Vortrag gab es eine ausführliche Fragenbeantwortung. Der Titel des Seminars lautete: «Mit unseren Toten leben – Weisheit und Kraft für den Alltag» und stammt vom Redner.

Der vorliegenden Ausgabe liegt eine vom Vortragenden nicht durchgesehene Nachschrift einer Tonaufzeichnung zugrunde. Was die Redaktion der Nachschrift betrifft, so ist versucht worden, möglichst den Duktus des gesprochenen Wortes beizubehalten. Manchmal sind einzelne Wörter ergänzt, wenn Sätze unvollständig sind, oder die unvollständigen Sätze werden so, wie sie gesprochen wurden, wiedergegeben.

Einige Füllwörter wie ja, nur, und, jetzt usw. sind häufig weggelassen. Wiederholungen wurden in seltenen Fällen gestrichen. Einige Wortstellungen sind in der gesprochenen Sprache üblich, jedoch weniger in der geschriebenen. Deshalb sind für den vorliegenden Text behutsam Umstellungen vorgenommen worden.

Manchmal sind kleine Passagen in der Tonbandaufnahme, vor allem bei den Teilnehmerfragen, akustisch unverständlich. Sie wurden mit «[unv.]» gekennzeichnet. Die Teilnehmerfragen wurden in der vorliegenden Ausgabe nicht redigiert. Persönliches wurde anonymisiert.

Als Vorlage für die Zeichnungen dienten Mitschriften von Teilnehmern. Anscheinend wurden von einer dem Verlag namentlich nicht bekannten Teilnehmerin Fotos der Wandtafelzeichnungen gemacht. Der Verlag würde sich sehr freuen, wenn diese Teilnehmerin ihm diese Fotos zur Verfügung stellen würde, sodass sie für eine nächste Auflage integriert werden könnten.

Inhaltsangaben, Titel der Vorträge und Fußnoten stammen von der Herausgeberin. Das wichtigste Anliegen von Pietro Archiati war, die Menschen auf die Geisteswissenschaft Rudolf Steiners hinzuweisen. Deshalb finden sich in den Fußnoten hauptsächlich Hinweise auf Schriften und Vorträge Rudolf Steiners. Diese sollen dem Leser als Hilfe und Anregung dienen, Inhalte weiter zu vertiefen.

Fachausdrücke der Geisteswissenschaft

Entwicklung von Erde und Mensch

7 planetarische Zustände der Erde:	1. Saturn-, 2. Sonnen-, 3. Monderde, 4. Erde (jetziger Planet), 5. Jupiter-, 6. Venus-, 7. Vulkanerde
7 geologische Zeiten der jetzigen Erde:	1. Polarische, 2. hyperboreische, 3. lemurische Erdenzeit 4. atlantische Erdenzeit 5. nachatlantische (die jetzige), 6., 7. Erdenzeit
7 Kulturperioden der «nachatlantischen» Zeit (je 2160 Jahre):	1. Indische, 2. persische, 3. ägypt.-chaldäische Kulturper.; 4. griech.-römische Kulturperiode (747 v.–1413 n.Chr.); 5. (unsere) Kulturper. (1413–3573 n.Chr.); 6. u. 7. Kulturper.

Das Wesen des Menschen

3 Körper-Hüllen:	1. Physischer Körper 2. Ätherischer Körper, Ätherleib, Bildekräfteleib 3. Astralischer Körper, Astralleib, Empfindungsleib
3 Seelen-Kräfte:	1. Empfindungsseele 2. Gemüts- oder Verstandesseele 3. Bewusstseinsseele
3 Geistes-Glieder:	1. Geistselbst (höheres Ich) 2. Lebensgeist 3. Geistesmensch
Aus 9 wird 7:	1. Physischer Leib, 2. Ätherleib, 3. Astralleib, 4. Ich, 5. Geistselbst, 6. Lebensgeist, 7. Geistesmensch

Dreiheit in Mensch und Welt

Geistige Wesen:	«Luzifer»	«Christus»	«Ahriman»
Evangelium:	Diabolos	Streben nach Gleichgewicht	Satanas
Geistig:	Spiritualismus		Materialismus
Seelisch:	Schwärmerei		Pedanterie
Physisch:	Entzündung		Sklerose
Moralisch:	hemmend	fördernd	hemmend

Naturelemente

Ätherwelt:	Wärmeäther	Lichtäther	Ton-/Zahlenäther	Lebensäther
Phys. Welt:	Wärme	Luft	Wasser	Erde
Unternatur:	Schwerkraft	Elektrizität	Magnetismus	Atomkraft
Naturgeister:	Salamander	Sylphen	Undinen	Gnomen

Stufen der Einweihung

1. Imagination:	Bilder sehen – in der Akasha-Chronik (Ätherwelt)
2. Inspiration:	Worte hören – in der Seelenwelt (Astralwelt)
3. Intuition:	Wesen erkennen – in der geistigen Welt (Devachan)

Engel-Hierarchien

		Griechisch (Dionysios)	Lateinisch (Thomas v. Aq.)	Deutsch (Martin Luther)	Geisteswissenschaft (Rudolf Steiner)
1. Hierarchie	9.	Seraphim	Seraphim	Seraphim	Seraphim Geister der Liebe
	8.	Cherubim	Cherubim	Cherubim	Cherubim G. der Harmonien
	7.	Thronoi (Θρόνοι)	Throni	Throne	Throne G. des Willens
2. Hierarchie	6.	Kyriotetes (Κυριότητες)	Dominationes	Herrschaften	Geister der Weisheit
	5.	Dynamis (Δυνάμεις)	Virtutes	Mächte	G. der Bewegung
	4.	Exousiai (Ἐξουσίαι)	Potestates	Gewalten	Geister der Form
3. Hierarchie	3.	Archai (Ἀρχαί)	Principatus	Fürstentümer	Archai Zeitgeister G.d.Persönlichkeit
	2.	Archangeloi (Ἀρχάγγελοι)	Archangeli	Erzengel	Erzengel Volksgeister Feuergeister
	1.	Angeloi (Ἄγγελοι)	Angeli	Engel (Schutzengel)	Engel Schutzengel G. des Zwielichts Söhne des Lebens
Unterste Hierarchiestufe: Der Mensch					

Pietro Archiati (1944 – 2022) wurde in Capriano del Colle (bei Brescia, Italien) geboren. Ab seinem 10. Lebensjahr besuchte er eine Klosterschule in einem kleinen missionarischen Orden. Nach dem Abitur absolvierte er ein Studium der Theologie und Philosophie in Rom und München. 1968-70 war er Volksschullehrer in Laos während des Vietnam-Krieges. 1974-76 war er als Ordenspriester in New York unter anderem in der Marriage-Encounter-Bewegung tätig.

Danach lebte er als Einsiedler am Comer See, wo er 1977 das ihm bis dahin völlig unbekannte Werk Rudolf Steiners entdeckte. Dazu sagte er in einem Vortrag (2002): «Innerhalb von Tagen … wusste ich mit innerster Gewissheit: Das ist dasjenige, was du ein ganzes Leben in Ost und West gesucht hast. Wie ein Orkan hat es auf mich gewirkt.»

1981-85 war er in Südafrika als Dozent in einem Priesterseminar. Die Spannungen mit der Kirche nahmen naturgemäß mit der Zeit zu und hatten letztendlich zur Folge, dass sein Wirken im Rahmen der Kirche nicht mehr möglich war. Seit 1987 war er unabhängig von jeder Institution als Autor und Redner in Deutschland und anderen Ländern tätig. Seine Bücher sind in verschiedenen Sprachen erhältlich.

Seit 2004 veröffentlichte er bis zu seinem Tod zusammen mit der Verlegerin Monika Grimm im Verlag *Rudolf Steiner Ausgaben* Werke und Vorträge Rudolf Steiners, die heute einen besonderen Aktualitätswert haben. Seine Vor- und Nachworte zu den Steiner-Bänden sind der Versuch, eine Brücke zwischen der Anthroposophie und dem heutigen Zeitgeschehen zu schlagen.